*Erich Kasten*

# Übungsbuch Hirnleistungstraining

Material zum Training von Konzentration, Gedächtnis, Wahrnehmung, Graphomotorik, Lesen, Schreiben, Rechnen, Kreativität und Nachdenken

*Erich Kasten*

# Übungsbuch Hirnleistungstraining

Material zum Training
von Konzentration, Gedächtnis,
Wahrnehmung, Graphomotorik, Lesen,
Schreiben, Rechnen, Kreativität
und Nachdenken

**Unser Buchprogramm im Internet:** www.verlag-modernes-lernen.de



**Veröffentlicht in der Edition:**
**verlag modernes lernen Borgmann GmbH & Co. KG**
**Schleefstraße 14 · D-44287 Dortmund**

8., aktualisierte Aufl. 2020

Gesamtherstellung in Deutschland: Löer Druck GmbH, Dortmund

Bestell-Nr. 8552 ISBN 978-3-8080-0842-3

---

**Zeichenerklärung:**

✕ = Konzentration
= Gedächtnis, Wissen
= Graphomotorik
= Wahrnehmung
= Sprache
= Lesen
= Schreiben
± = Rechnen
= Textverständnis
? = Nachdenken

# Einleitung

## 1. Eine kurze Geschichte der Hirnforschung

Hirnforschung gehört heute sicherlich zu einem der populärsten Wissenschaftsgebiete. Es gibt wenig, was den zivilisierten Menschen so sehr interessiert wie sich selbst zu verstehen. Dabei ist die Erforschung des menschlichen Gehirns keinesfalls eine besonders junge Wissenschaft, sondern ein Interesse daran besteht wohl schon so lange wie es Menschen überhaupt gibt. Selbst Hirnoperationen stellen keinesfalls eine Errungenschaft der Neuzeit dar, denn zum Beispiel die Trepanation, eine chirurgische Eröffnung des Schädels, wird mindestens schon seit 10.000 Jahren weltweit praktiziert. Bei den ältesten der solchermaßen eröffneten Köpfe wurden diese Bohrungen noch mit zugespitzten Flintsteinen vorgenommen, möglicherweise zum Teil auch mit Muschelschalen. Insbesondere in der antiken Kultur Perus, wo man bisher mehrere tausend operativ geöffnete Schädel fand, dürfte diese Operation vorwiegend kulturelle oder religiöse Hintergründe gehabt haben. Die neurochirurgischen Methoden waren vor zweitausend Jahren offenbar schon so ausgereift, dass viele der „Patienten“ den Eingriff überlebten, denn an manchen Schädeln lassen sich gleich mehrfache Öffnungen in unterschiedlichen Heilstadien feststellen.

Eines der wichtigsten wissenschaftlichen Zentren der Antike war natürlich das alte Ägypten. Der Amerikaner Edwin Smith erwarb 1862 eine weit über vier Meter lange Papyrusrolle in Theben. Obwohl Smith sich als Ägyptologe betätigte und offensichtlich einiges vom Inhalt verstand, hielt er dieses wertvolle Material aus unbekannten Gründen bis zu seinem Tod verborgen. Seine Tochter übergab es dann 1906 an die New Yorker Historische Gesellschaft, aber auch hier fing erst im Jahre 1920 ein Forscher von der Universität Chicago an, die Hieroglyphen zu übersetzen. 1930 wurde bekannt, dass es sich bei der Papyrusrolle offensichtlich um die weltweit erste Publikation (ca. aus dem Jahre 3.000 vor Christus) zum Bereich der Neurowissenschaften handelte. Der Autor war ein ägyptischer Chirurg, der unter anderem Soldaten mit Schädelverletzungen versorgte und dem schon damals auffiel, dass Hirnschäden Symptome an weit entfernten Körperteilen verursachen können. Insbesondere die Kreuzung der Funktionen, d. h. die rechte Hirnhälfte steuert die linke Körperseite und umgekehrt, wurde hier erstmals beschrieben.

Eine größere Anzahl wissenschaftlicher Arbeiten findet sich ab 500 v. Chr. aus dem griechischen Raum, etwa eine Beschreibung von Funktion und Anatomie des Sehnerven von Alcmaenon aus Kreta. Obwohl die antiken Griechen ihr Schicksal dem Willen der Götter zuschrieben, erkannte schon Hippocrates (460–360

v. Chr.), dass nicht nur Gefühle wie Freude, Furcht, Kummer und Gram im Gehirn entstehen, sondern dass wir damit auch Wissen und Weisheit erlangen können. Aus der Schule des Hippokrates stammt ebenfalls eine frühe Beschreibung des Schlaganfalls, in der schon von Sprachverlust oder auch der Unfähigkeit Sprache zu verstehen die Rede ist. Allerdings vermutete man damals, der Apoplex würde durch eine übermäßige Ansammlung von abgekühlter schwarzer Galle, einer der vier Körperflüssigkeiten, herrühren. Man wusch den Kopf der Patienten deshalb mit heißem Wasser ab.

Auch Schädeleröffnungen wurden im antiken Griechenland bereits durchgeführt, um die *„Balance der Körperflüssigkeiten"* wiederherzustellen, indem ein Ring von Löchern um denjenigen Schädelknochen herum gebohrt wurde, den man entfernen wollte. Hierbei bewiesen die Ärzte schon beträchtliches anatomisches Wissen, denn sie mieden erstaunlich genau die stark durchbluteten Hirnbezirke und achteten darauf, die Hirnhäute nicht zu verletzen. Im antiken Rom tauchten einige sehr makabere Behandlungsformen auf. So wurde z. B. Epileptikern geraten, das noch warme Blut getöteter Gladiatoren zu trinken. Bei Sprachverlust wurde das Kauen scharfer Speisen wie z. B. Zwiebeln oder Knoblauch empfohlen und, im Gegensatz zu der griechischen Behandlung, das Waschen des Kopfes mit eiskaltem Wasser. Interessanterweise wurden schon damals Behandlungsversuche mit Elektrizität durchgeführt. Im ersten Jahrhundert n. Chr. beschrieb Scribonius Largus die Therapie von Kopfschmerzen mit einer im Mittelmeer lebenden Fischart (*„Torpedo mamorata"*), die elektrische Schläge austeilen kann. Dieselbe Behandlung wurde von Galenus (130–200 n. Chr.) dann kurioserweise sogar für Epileptiker empfohlen.

Im Mittelalter stagnierte bekanntermaßen die gesamte medizinische Wissenschaft für mehrere Jahrhunderte. Papst Bonifacius VII. hatte im 10. Jahrhundert n. Chr. ein Edikt herausgegeben, welches die Autopsie von Menschen strengstens untersagte. Man stützte sich in dieser Zeit überwiegend auf die damals schon veralteten Arbeiten von Galenus. Forscher wie zum Beispiel der berühmte Leonardo da Vinci (1472–1519) waren deshalb lange Zeit gezwungen, ihre anatomischen Studien geheimzuhalten. Dennoch schuf da Vinci aus der Untersuchung von rund 300 Leichen immerhin 1.500 anatomische Zeichnungen. Erst unter dem Einfluss von Theophrastus Paracelsus Bombastus (1493–1541) veröffentlichte Andreas Vesalius (1514–1564), Professor in Padua, in seiner *„De humani corporis fabrica"* auch Beschreibungen der Anatomie des Nervensystems und des Gehirns. Nachdem Vesalius sich die Mühe gemacht hatte, den anatomischen Beschreibungen von Galenus in über 200 Fällen schwere Fehler nachzuweisen, erlahmte auch der Widerstand der Kirche gegenüber der Leichensektion bei Menschen.

Im Mittelalter bestand die übliche Behandlung aller Krankheiten in der Trias *„Abführen, Erbrechen und zur Ader lassen“*, allerdings interpretierte man insbesondere viele neurologische Krankheiten wie z. B. die Epilepsie sehr viel eher als Besessenheit von Dämonen. Eine Teufelsaustreibung bei psychisch Kranken war damals wohl noch die harmloseste Behandlungsmethode. Insbesondere Schädelverletzungen, welche die Hirnhäute durchstießen wurden als fatal angesehen, da man noch im 14. Jahrhundert glaubte, die Seele würde dann aus dem Kopf entkommen und der Tod sei deshalb unausweichlich. Allerdings schilderte schon im Jahre 1518 Berengario da Carpi (1460–1530) in seinem Buch *„De fractura calve sive cranei“* sechs Fälle, die schwere Hirnverletzungen überlebten. Einer dieser überlebenden Patienten war sein Neffe, bei dem infolge einer Verletzung durch eine Hellebarde der Schädel bis zu den Ventrikeln aufgespalten wurde und dabei eine *„beträchtliche Menge“* von Hirngewebe ausgetreten war. Berengario da Carpi schaffte es, eine Drainage zu legen und eine Infektion erfolgreich zu bekämpfen, so dass sein Neffe überlebte.

In der Folgezeit wurde von Ärzten wie Ambroise Paré (1510–1590) oder Wilhelm Fabry von Hilden (1560–1634) eine Fülle von Werkzeugen entwickelt, um den Schädel zu öffnen und einfache Hirnoperationen vornehmen zu können. Man muss sich allerdings vor Augen halten, dass die Methoden der Narkose zur damaligen Zeit noch nicht besonders ausgereift waren. Um so mehr erstaunt die Fallgeschichte von Nicolo Massa (1489–1569) über einen jungen Mann, der 1558 von einem Speer getroffen worden war und eine Schädelfraktur erlitten hatte. Dabei war ein Knochensplitter in das Gehirn eingedrungen. Neben anderen Symptomen hatte der junge Patient auch seine Sprache vollständig verloren. Massa entschloss sich, den Knochensplitter herauszuoperieren, was auch gelang. Sofort nach der erfolgreichen Operation sagte der Patient: *„Gott sei Dank, ich bin geheilt“*, was dem Operateur viel Beifall von den umstehenden Zuschauern einbrachte.

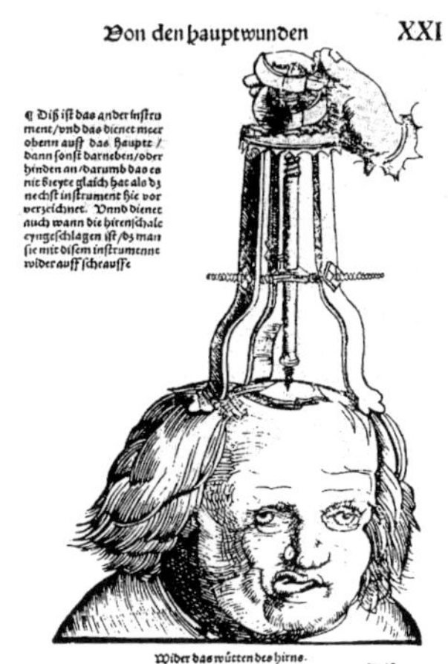
Von den hauptwunden XXI

¶ Diß ist das ander instrument/vnd das dienet meer obenn auff das haupte/ dann sonst darneben/oder hinden an/darumb das es nit breyte glaich hat als dz nechst instrument hie vor verzeichnet. Vnnd dienet auch wann die hirenschale eyngeschlagen ist/dz man sie mit disem instrumennt wider auffschrauffe

Wider das wütten des hirns.

D iij

Offenbar hielt man diese Methoden der Hirnchirurgie damals für völlig ausreichend und weitgehend ungefährlich, denn A. Paré berichtete, dass 1564 ein Mann beim französischen König vorstellig wurde, der verlangte, der Hofarzt solle ihm sein eigenes Gehirn herausoperieren und durch ein gesundes ersetzen, weil er das Gefühl habe, sein Hirn sei verrottet und faulig.

Einer der damals aufsehenerregendsten Fälle geschah 1562 als Don Carlos (1545–1568), der sechzehnjährige Sohn des spanischen Königs Phillipp II (1527–1598) so indiskret war zu versuchen, durch ein Loch in der Wand eine Küchenmagd beim Entkleiden zu beobachten. Er stürzte dabei, erlitt eine Kopfverletzung und fiel in ein tiefes Koma. Der berühmte Anatom Andreas Vesalius (1514–1564) wurde zu Rate gezogen, welcher den Schädel öffnete und den Druck eines subduralen Hämatoms dadurch entlastete. Der junge Mann wurde tatsächlich wieder gesund, man schrieb seine Heilung aber nicht der Behandlung von Vesalius zu, sondern einem verstorbenen Mönch namens San Diego, dessen Sarg man auf Wunsch der Bevölkerung neben dem Bett des Prinzen aufgestellt hatte, in der Hoffnung, ein göttliches Wunder zu stimulieren.

Eine andere interessante Fallgeschichte stammt von dem englischen Arzt Robert Boyle (1627–1691), der die Geschichte eines 24jährigen Ritters beschrieb, welcher nach einem Sturz von seinem Pferd eine rechtsseitige Halbseitenlähmung entwickelte. Die Ärzte behandelten zwar die äußere Kopfwunde, wussten aber durchaus, dass dies nichts an der Lähmung ändern und ihr Patient fortan ein nutzloses und melancholisches Leben führen würde. Sie fragten ihn daher, ob er einverstanden sei, das Risiko einer Hirnoperation auf sich zu nehmen. Der Mann bejahte und die Chirurgen schafften es tatsächlich, einen Knochensplitter, der sich linksseitig durch die Dura mater in das Gehirn gebohrt hatte, vollständig zu entfernen. Durch diese Behandlung erreichte ihr Patient offenbar seine volle Bewegungsfähigkeit wieder, denn Boyle endet mit dem Satz, er sei nun wieder ein kräftiger Mann.

In den nächsten Jahrhunderten schritt die Erforschung des Gehirns dann mit großen Schritten voran. Viele Erkenntnisse, von denen man üblicherweise glauben würde, dass sie modernen Ursprungs sind, wurden schon im 16. und 17. Jahrhundert entdeckt. So findet sich die Einteilung des Gehirns in funktionelle Areale schon im Buch *„Cerebri anatome“* von Thomas Willis (1621–1675).

Während die Neurochirurgie damals schon recht gute Fortschritte machte, blieb die weitere Behandlung von Patienten mit Hirnschäden sehr seltsamen Methoden überlassen. M. Purmann (1648–1721) z. B. empfahl eine Salbe, die aus Regenwürmern, Schweinehirnen, Mumien-Pulver und einer Substanz aus dem Schädel eines Getöteten (am besten eines Erhängten) bestand und unter dem Licht der Venus hergestellt werden musste. Insbesondere die Beschaffung von echtem Mumienpulver muss damals schon ausgesprochen schwierig und teuer gewesen sein. Erheblich einfacher war die Herstellung von *„Drachenblut“*, einem anderen häufig benutzten Medikament, das allerdings keinesfalls von Fabelwesen, sondern lediglich aus dem Drachenbaum gewonnen wurde. Da diese Pflanze seinerzeit nur im Orient wuchs und die damit handelnden Araber sich niemals die Mühe machten, die europäischen Kunden über die wahren Bestandteile aufzuklären, dürften die damaligen Preise weit überhöht gewesen sein. Allerdings standen auch die Hirnchirurgen oft noch mit einem Bein im Abgrund des Aberglaubens. Richard Wiseman (1621–1676) z. B. verzögerte einmal die Operation eines Patienten, da der Mond nicht im astrologisch richtigen Haus stand.

Die erstaunliche Plastizität des Gehirns wurde wohl erstmalig von Francois Quesnay (1694–1774) beschrieben, der Verletzungen in den Gehirnen von Hunden verursachte, diese dann z. B. mit Rheinwein säuberte und anschließend den Heilungsprozess beobachtete. Quesnay bemerkte, dass das Gehirn selbst schmerzfrei ist und unter hygienischen Bedingungen durchaus heilt. Er plädierte dafür, die Operationen auch bis unter die Hirnhäute auszudehnen, wenn dies notwendig sei, um das Leben des Patienten zu retten.

Nach der Entdeckung der Elektrizität kamen die Wissenschaftler schnell auf die Idee, dass diese auch das Nervensystem steuern könne. Der Anatomie-Professor Luigi Galvani (1737–1798) besaß ein Gerät, mit dem man ein elektrostatisches Feld aufbauen konnte. Durch Zufall bemerkte er, dass ein Froschkörper, den er gerade seziert hatte, unter der elektrischen Spannung konvulsiv zuckte. Galvani stellte dann fest, dass die elektrische Reizung von Nerven die entsprechenden Muskeln zum Zusammenziehen brachte und veröffentlichte dieses Ergebnis 1791. Allerdings glaubte er noch, dass das Gehirn als Spannungs-Generator funktioniert und dass diese Energie von den Nerven lediglich weitertransportiert wird. Auch F. Fontana (1730–1805) meinte, das Gehirn sei lediglich ein Generator und die Nerven Drähte, welche diese Elektrizität weiterleiten. Giovanni Aldini (1762–1834) legte das Gehirn frischgeschlachteter Ochsen frei und reizte es elektrisch. Er stellte fest, dass sich hierdurch Bewegungen der Lippen oder Augen erzeugen ließen. Dadurch ermutigt setzte er dann allerdings diese ohnehin makaberen Versuche sogar an den Köpfen enthaupteter Verbrecher fort.

Man versuchte daraufhin unter anderem auch, mit der Elektrizität Lähmungen zu heilen. Robert Whytt (1714–1766) veröffentlichte 1768 eine Fallbeschreibung eines 25-jährigen Patienten, der zwölf Jahre vorher eine vollständige Lähmung des linken Armes erlitten hatte. Der Arm war dadurch dünn und kraftlos geworden. Durch die Reizung mit elektrischem Strom konnte zwar die Bewegungsfähigkeit nicht wiederhergestellt werden, infolge der auftretenden Muskelkontraktionen wurde der Arm aber kräftiger und dicker.

Leider versuchte Karl August Weinhold (1782–1829) dann sogar die Rolle des Gehirns als Stromerzeuger zu belegen, indem er bei einer Katze das gesamte Gehirn entfernte und es durch eine stromerzeugende galvanischen Lösung aus Zink und Silber ersetzte. Weinhold behauptete sogar, die Katze wäre später wieder zu sich gekommen. Obwohl dieses Experiment niemals repliziert wurde, ergaben sich schon damals beträchtliche Zweifel an dem Wahrheitsgehalt von Weinholds Behauptung.

In den Neurowissenschaften gab es aber noch viel mehr große Irrtümer. Dass Willis noch glaubte, die Vorstellungskraft sei eine Funktion des Balkens, der die Hirnhälften verbindet („Corpus callosum"), ist sicherlich verzeihlich. Geradezu tragikomische Aspekte beinhaltete jedoch die Phrenologie, die der Wiener Franz Joseph Gall (1757–1828) entwickelte. Gall glaubte, dass unterschiedliche Formen des Schädelknochens auf unterschiedliche Größen des darunterliegenden Gehirns deuten und diese wiederum auf spezifische Talente und Verhaltensweisen. Gall entwickelte seine Theorie schon im knabenhaften Alter von 9 Jahren, als er einen *„kuhäugigen"* Mitschüler beobachtete, der sich Fremdworte sehr viel besser merken konnte als andere Kinder. Fortan hielt Gall vorstehende Augen und ein gutes verbales Gedächtnis für zusammengehörig. Diese Lehre hielt sich bis zum Ende des 19.Jahrhunderts und trieb seltsame Blüten. So glaubte Johann Spurzheim (1776–1832) durch die Untersuchung von 30 Frauen, die des Kindesmordes beschuldigt worden waren, ein spezielles Defizit im Bereich des hinteren, oberen Schädelknochens gefunden zu haben, das seiner Ansicht nach auf einen Mangel an Mutterinstinkt hindeuten sollte. Horace Wells entwickelte 1866 sogar eine ganze Kartographie des Schädels, in der zum Teil winzige, quadratzentimetergroße Areale als Indiz für das Vorhandensein bestimmter Persönlichkeitseigenschaften erklärt wurden. Auch Benedikt behauptete 1879, dass Kriminelle generell ein kleineres Gehirn hätten als normale Menschen und es sich bei diesen Menschen möglicherweise sogar um eine anthropologische Variation unserer Spezies handeln könnte. Der italienische Kriminologe Cesare Lombroso (1836–1909) stellte sogar dies in Frage und glaubte feststellen zu können, dass die Schädelform von Verbrechern ohnehin sehr viel mehr an die Ausmaße von Affenschädeln als an die normaler Menschen erinnert.

Edward Anthony Spitzka (1876–1922), Präsident der amerikanischen Neurologen-Vereinigung ging den umgekehrten Weg und erstellte Tabellen mit Normgewichten des Gehirns für verschiedene Altersklassen. Er fand dabei heraus, dass besonders wichtige Leute, vor allem aber natürlich die Naturwissenschaftler, im Mittel das höchste Gehirngewicht zeigten und postulierte eine Korrelation zwischen Hirngewicht und Intelligenz. Allerdings zeigte sich eine beträchtliche Variabilität: das schwerste Gehirn, 2012 g, hatte der russische Schriftsteller I. S. Turgenjew (1818–1883), das leichteste Hirn, 1.198 g, hatte der bereits oben erwähnte F. J. Gall, womit sich der Kreis dieser Forschungsrichtung schon damals wieder schloss.

Aber es gab auch völlig andere, sinnvollere Ansätze der Forschung. A. Trousseau (1801–1867) beschrieb 1864 die Fallgeschichte des Patienten Léon Rostan, der einen Schlaganfall erlitten hatte und unfähig war zu sprechen, zu schreiben oder etwas zu verstehen. Trousseau setzte sofort nach dem Apoplex Blutegel an und Rostan erlangte innerhalb von zwölf Stunden seine Sprachfähigkeit wieder. Man glaubte allerdings noch, dass der Entzug von Blut für die Verbesserung verantwortlich war; dass die Blutegel einen blutverdünnenden Wirkstoff herstellen und in die Blutbahn ihrer Opfer abgeben, wurde erst sehr viel später bekannt.

Ein anderes klinisches Beispiel schildert die Leidensgeschichte des Phineas Gage (1823–1860), eines Eisenbahnarbeiters, der im Alter von 25 Jahren einen Unfall erlitt. Bei einer Explosion wurde ihm eine über einen Meter lange und sechs Kilogramm schwere Eisenstange quer durch seinen Schädel geschossen. Gage war für die Wissenschaft nicht nur deshalb interessant, weil er den Unfall um mehr als zwölf Jahre überlebte, sondern weil er durch die Läsion, die vorwiegend den Frontallappen betraf, eine völlige Veränderung seiner Persönlichkeitseigenschaften zeigte. Er benahm sich kindisch, impulsiv, war respektlos und oft launisch. John Harlow (1819–1907), der die Fallgeschichte veröffentlichte schrieb dazu, Gage sei nicht länger Gage geblieben.

Einer der wesentlichsten wissenschaftlichen Durchbrüche der Hirnforschung ist sicherlich mit dem Namen des Franzosen Paul Broca (1824–1880) verbunden, der zunächst nur die Verbindung zwischen Sprachverlust (Aphasie) und Läsionen des frontalen Cortex schilderte. Broca stellte 1861 eine Studie über den Patienten Leborgne vor, der nach einer Hirnschädigung unter Epilepsie, Sprachverlust und Hemiplegie litt. Das einzige Wort, das Leborgne noch sagen konnte, soll angeblich *„tan“* gewesen sein, was später dazu führte, dass die Fallbeschreibung damals unter dem anonymen Namen „Tan“ veröffentlicht wurde. Leborgne starb wenig später leider, aber Broca hatte dadurch Gelegenheit, dessen Gehirn zu untersuchen und die Ausfälle mit genauen Hirnläsionen in Übereinstimmung zu bringen.

In den nächsten Jahren wurde die Lokalisation von kognitiven Funktionen dann schnell mit der Zellarchitektonik in Verbindung gebracht. Die bis heute gültige Karte von Korbinian Brodmann (1868–1918) stellt wohl die bekannteste Einteilung nach Typen von Neuronen dar. Der spätere Nobelpreisträger Camillo Golgi (1843–1926) entwickelte seine Technik der Einfärbung von Nervenzellen mit Silbernitrat keinesfalls in einem großen Labor, sondern abends, nach der Arbeit, bei

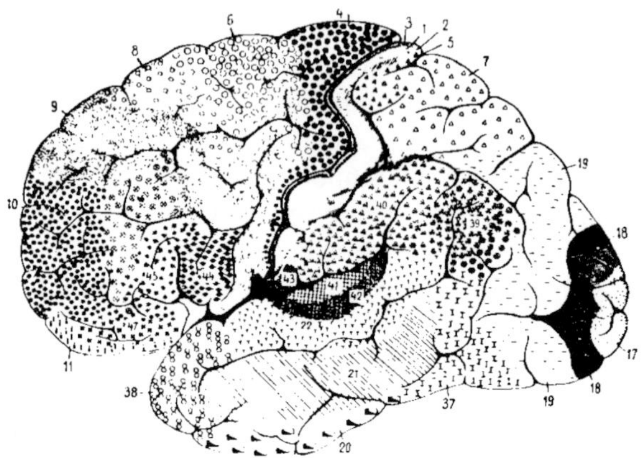


Kerzenlicht in der Küche eines Krankenhauses der kleinen Stadt Abbiategrasso bei Mailand. Durch diese Technik, später weiterentwickelt von einem weiteren Nobelpreisträger, dem berühmten Santiago Ramón y Cajal (1852–1934), wurde es erstmals möglich, die komplizierten Verknüpfungen von einzelnen Nervenzellen nachzuvollziehen.

In der folgenden Zeit gelang es, einzelne Funktionen wie Bewegung, Hören, Sehen oder Sprache bestimmten Gehirnbereichen sehr genau zuzuordnen. Erst in den dreißiger Jahren des 20.Jahrhunderts wurde Kritik an dieser reinen Lokalisationslehre laut. Insbesondere Shepherd I. Franz (1874–1933) und Karl Lashley (1890–1958) zeigten an Tierversuchen und durch Beobachtung hirngeschädigter Menschen, dass vor allem höhere kortikale Funktionen nicht so einfach organisiert sind. Besonders Intelligenz würde ihrer Ansicht nach keinesfalls von einem bestimmten, abgrenzbaren Hirnbezirk abhängen, sondern sei eine ganzheitliche, holistische Funktion.

Im 19. Jahrhundert wurde genauer untersucht, ob man Hirngeschädigten einen Teil der verlorengegangenen Fähigkeiten wieder anerziehen könnte. 1833 beschrieb J. Osborne (1795–1864) die ersten systematischen Versuche bei einem aphasischen Patienten. Osborne schlug für seine Sprachtherapie dieselben Grundsätze vor, nach denen auch ein Kind das Sprechen lernt. Auch Paul Broca (1824–1880) führte 1865 diese Art von Therapie durch, indem er einen Patienten Silben wiederholen ließ. Broca stellte aber fest, dass es einem Erwachsenen erheblich schwerer fällt, das Sprechen wiederzuerlernen als einem Kind. Hermann Gutzmann (1865–1922) führte damals Materialien zur Sprachtherapie Hirngeschädigter ein, die zunächst für Kinder entwickelt, aber auch schon bei Schwerhörigen und Taubstummen eingesetzt worden waren. Man akzeptierte schon zu dieser Zeit zunehmend die Theorie, dass sich das Sprachvermögen auf die ungeschädigte Hirnhälfte umtrainieren lässt. Charles Mills (1845–1931) veröffentlichte 1904 eine praxisnahe Auflistung von Therapietechniken für Aphasiker. Gleichzeitig wurden auch erste Effektivitätsstudien dieser frühen Ansätze neuropsychologischer Therapie durchgeführt. Shephard I. Franz (1874–1933) begann, die Therapieeffekte in Studien mit bis zu 60 Patienten zu quantifizieren. Franz vermutete damals, in einer 1906 veröffentlichten Studie, dass es kaum gelänge, die alten Hirnverbindungen wieder zum Leben zu erwecken, sondern dass durch die Behandlung neue Verbindungen entstehen würden. Franz war sicherlich auch deshalb einer der bekanntesten Forscher seiner Zeit, da er parallel Tierversuche an Affen durchführte, um seine Ergebnisse zu untermauern. Karl Lashley (1890–1958), der lange Zeit mit Franz zusammenarbeitete, ist es zu verdanken, dass die wichtige Rolle der Motivation bei der Therapie Hirngeschädigter wirkungsvoll unterstrichen wurde. Franz hatte in über 900 Übungsdurchgängen völlig erfolglos versucht, einem Patienten das Alphabet beizubringen. Lashley wettete daraufhin mit dem Patienten um 100 Zigaretten, dass dieser es auch in der folgenden Woche nicht schaffen würde, das Alphabet fehlerfrei aufzusagen. Lashley schrieb: *„Der Patient benötigte lediglich 10 Versuche, bis er das Alphabet perfekt dahersagen konnte und er behielt es solange, bis die Schuld beglichen worden war. Speziell bei älteren Patienten ist es oft so, dass man Fortschritte nur unter einem solchen Druck erreichen kann."*

## 2. Ursachen und Folgen von Hirnschäden

In den letzten fünfzig Jahren hat sich unser Wissen über das Gehirn potenziert. Nach heutigem Kenntnisstand besteht das menschliche Hirn aus rund 15 Milliarden Nervenzellen, von denen jede einzelne bis zu zehntausend Verknüpfungen mit anderen Nervenzellen haben kann. Es handelt sich damit um ein Wunderwerk auf engstem Raum, das leider auch sehr störanfällig ist. Eine Vielzahl von Erkrankungen kann diese komplizierte Maschinerie stören und die Komplexität der Funktionen empfindlich in Unordnung bringen. Man unterscheidet verschiedene Formenkreise von Ursachen:

1. Angeborene, genetisch bedingte Ursachen für geistige Retardierung (z.B. Down-Syndrom, Klinefelter-Syndrom, Phenylketonurie, Tay-Sachs-Krankheit).
2. Traumatische Ursachen (Unfälle mit Schädel-Hirn-Verletzungen, Hirnoperationen).
3. Durchblutungsbedingte Schäden des Gehirns (z.B. Schlaganfall, Hirnblutung).
4. Infektiöse Ursachen (z.B. Meningitis, Enzephalitis, Röteln, Syphillis).
5. Vergiftungen (z.B. durch Blei, Lösungsmittel, Pflanzenschutzmittel).

6. Untererernährung (besonders während der Schwangerschaft der Mutter und in der frühen Kindheit).
7. Sauerstoffmangel (Anoxie, z. B. während der Geburt oder bei Tauchunfällen).
8. Degenerative Hirnerkrankungen (z. B. Multiple Sklerose, Alzheimer Demenz, Creutzfeld-Jakob, Pickschе Atrophie)
9. Hirnveränderungen durch Hormonstörungen (z. B. Hyper- oder Hypothyreose, Hypophyseninsuffizienz, Morbus Cushing).

Abhängig davon, welcher Gehirnbereich geschädigt wurde, kann es zu sehr unterschiedlichen Ausfällen kommen. Auch bei relativ isolierten Hirnschäden kommt es als generelles Symptom fast immer zu einer allgemeinen Verlangsamung mit Aufmerksamkeitsschwierigkeiten. Die Patienten können sich nicht längere Zeit auf eine Arbeit konzentrieren und sind sehr leicht ablenkbar durch äußere Reize. Schon ein Autohupen auf der Straße oder eine Stimme im Hintergrund kann sie völlig davon abhalten weiterzuarbeiten.

Ein zweites Kardinalsymptom sind Gedächtnisstörungen, die ebenfalls zunächst nahezu immer auftreten. Bei leichteren Hirnschäden können sowohl Aufmerksamkeits- wie auch Gedächtnisstörungen sich verhältnismäßig gut bessern. Je nach Gebiet, das durch die Läsion betroffen wurde, gibt es darüber hinaus aber meist noch spezifische Einzelsymptome wie Sprachstörungen, Probleme der Rechenfähigkeit, Sehausfälle, Hörstörungen und andere. Die folgende Tabelle trägt übersichtlich die einzelnen Symptome in Abhängigkeit vom geschädigten Hirnteil zusammen:

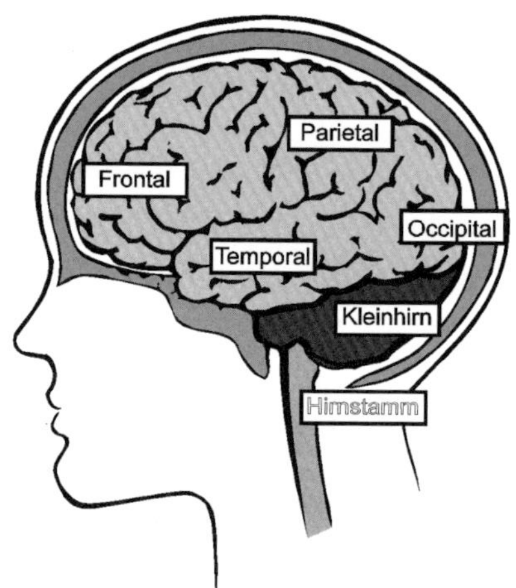


| **Lokalisation** | **Ausfall / Symptome** |
|---|---|
| frontaler Cortex | Halbseitenlähmung (Hemiparese), fehlende Flüssigkeit von Bewegungen, Broca-Aphasie mit Wortfindungsproblemen |
| post-zentraler Cortex | sensible Wahrnehmungsstörungen im Körper, Taubheitsgefühl in Arm und Bein |

| | |
|---|---|
| medialer Cortex | Halbseitenlähmung, gestörte Hormonausschüttung bei Schaden des Hypothalamus |
| parietaler Cortex | Lese-, Schreib- und Rechenstörungen, Probleme der räumlichen Orientierung und der Unterscheidung rechts/links, mangelndes Vermögen Gegenstände zu zeichnen |
| temporaler Cortex | Gedächtnisschwierigkeiten, Hörschwierigkeiten, Probleme beim Verstehen von Sprache, Musik u. Geräuschen, Wernicke Aphasie (verworrene Sprache), Krampfanfälle (Epilepsie) |
| orbitaler Cortex | verändertes Sozialverhalten, Antriebsminderung, Kritiklosigkeit, gesteigerte Erregbarkeit, Euphorie oder Depressivität, Schwierigkeiten beim Problemlösen |
| occipitaler Cortex | Sehstörungen, Gesichtsfeldausfälle (Hemianopsie), Unfähigkeit Objekte zu erkennen |
| Pons | Halbseitenlähmung, Blickbewegungsschwierigkeiten, Hirnnervenstörungen |
| Cerebellum | Tremor, Gleichgewichtsstörungen, Bewegungsschwierigkeiten |

## 3. Hirnleistungstraining

Hirnleistungstraining ist ein Schlagwort, das neuerdings in Verbindung mit hirnorganisch bedingten Defiziten immer häufiger genannt wird. Die zugrundeliegende Idee ist, dass das Gehirn durch solche Übungen ebenso trainierbar ist wie der Körper durch sportliche Betätigung. Trotz kritischer Stimmen gibt es inzwischen immer mehr Hinweise dafür, dass dies tatsächlich funktioniert. Vor rund einhundert Jahren ging man noch davon aus, dass Gehirnfunktionen genau festgelegt sind und dass, da Nervenzellen im Gehirn sich, abgesehen von wenigen Ausnahmen, weder neu bilden noch nachwachsen können, Hirnschäden deshalb irreversible Folgen haben müssen. Diese Ansicht hat sich inzwischen gravierend verändert. Man weiß heute, dass das Gehirn eine große „Plastizität“ besitzt, d.h. es kann Ausfälle kompensieren. Geistig behinderte Kinder sind durch verhaltenstherapeutische Methoden oft so weit förderbar, dass sie an den Bereich des normalen Intelligenzquotienten herankommen können. Aber auch bei Hirnschäden, die später im Leben erworben wurden, z.B. bei einem Unfall oder durch einen Schlaganfall, zeigt sich immer wieder eine oft ganz erstaunliche Erholung der Funktionen. Jeder, der schon einmal einem Schlaganfallpatienten mit völligem Sprachverlust („Aphasie") gesehen hat, weiß wie schrecklich die Folgen einer Hirnschädigung sein können. Aber oft genug, wenn man dieselbe Personen dann nach einem, zwei oder drei Jahren wiedertrifft, ist fast immer eine gravierende Besserung festzustellen. Der Aphasiker beginnt zunächst einzelne Worte zu sprechen und später ganze Sätze. Wenngleich er noch oft nach Worten suchen muss, ist Jahre nach dem Schlaganfall meist durchaus wieder eine Unterhaltung möglich, wenn gezielt trainiert wurde. Ein Wiederaufbau verlorengegangener kognitiver Funktionen ist zwar möglich, aber der Satz, den alle Betroffenen stetig wiederholen lautet: „Es wird zwar immer besser, aber es dauert sehr, sehr lange." Ein Hirnleistungstraining fruchtet nichts in wenigen Wochen, man benötigt in der Regel mehrere Jahre dafür.

Leider liegt gerade hier das Problem. Pro Jahr erleiden rund 500.000 Menschen eine Hirnschädigung, davon etwa 300.000 durch einen Schlaganfall und annähernd 200.000 durch Unfälle. Die Kosten, die mit einer Langzeittherapie dieser Patienten verbunden wären, kann unser überlastetes Gesundheitssystem heute kaum tragen. Auf die mangelnde Möglichkeit der Nachsorge für neurologisch geschädigte Patienten im ambulanten Bereich wird deshalb schon seit Jahren hingewiesen. Die Reha-Kommission des Verbandes Deutscher Rentenversicherer (VDR) kam schon 1991 zu dem ernüchternden Schluss: *„Eine systematische Nachsorge neurologischer Rehabilitations-Patienten existiert bislang nicht. Seit Jahren sind die Defizite dieser Nachsorge bekannt.(...) Bisher fehlt die ambulante Rehabilitation fast völlig. (...), sonst muss u. U. mit einem Verlust aufgebauter Funktionen gerechnet werden, die durch das Training in der Spezialeinrichtung verbessert wurden und ohne Weiterbehandlung möglicherweise nicht aufrechterhalten werden können."* Tatsache ist also leider, dass, angesichts der explodierenden Kosten im Gesundheitswesen, die Betroffenen oft genug gezwungen sind sich selbst zu helfen. Angehörige, die auf diese Arbeit gar nicht vorbereitet worden sind, kommen plötzlich in den Zwang Laien-Therapeut spielen zu müssen. Doch was und wie soll man verlorengegangene Geistesfunktionen üben?

Das vorliegende Buch will dabei helfen, eine Auswahl an Therapiematerialien aus den einzelnen Bereichen vorzustellen. Aber: Vor jeder Therapie muss zunächst einmal eine Diagnose stehen! Auch die Grundlage eines Hirnleistungstrainings sollte zunächst einmal eine gute Diagnostik sein, damit nicht unter Umständen viel Zeit und Arbeit in Übungen gesteckt werden, die zum falschen Bereich gehören, zu schwierig sind oder im ungünstigsten Fall den Patienten sogar überfordern und frustrieren. Wenn der Verdacht vorliegt, dass Konzentrations-, Gedächtnis- oder andere Probleme durch eine Schädigung des Gehirns entstanden sind, kann es oft sinnvoll sein, einen niedergelassenen Diplom-Psychologen mit der Zusatzbezeichnung „Neuropsychologe" aufzusuchen und sich hier fachlich beraten zu lassen. Der Psychologe führt dann spezielle Testverfahren durch. In der Regel kann man daraus Übungen ableiten, durch welche sich die ausgefallenen Funktionen optimal trainieren lassen. Listen niedergelassener Neuropsychologen erhalten Sie beim Berufsverband deutscher Psychologen (BDP, Am Köllnischen Park 2, 10179 Berlin) oder bei der Gesellschaft für Neuropsychologie (GNP, Nikolausstraße 10, 36037 Fulda).

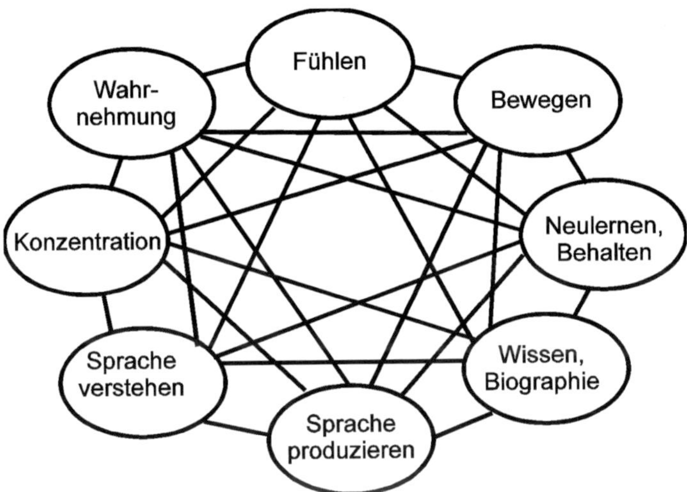


Bei der Verarbeitung von Informationen im Gehirn kann es immer wieder Engpässe geben, die verhindern, dass bestimmte Funktionen überhaupt gezielt trainiert werden können. Grundlage jeder Behandlung ist zum Beispiel ein Minimum an Konzentrationsfähigkeit. Was nützt es zu versuchen, den Patienten Schreib- oder Rechenübungen durchführen zu lassen, wenn die Aufmerksamkeitsspanne so gering ist, dass es dem Betroffenen kaum gelingt, sich auf das Übungsmaterial einzustellen? Hier muss zunächst einmal das Konzentrationsvermögen erweitert werden. Ebensogut kann aber ein völliger Zusammenbruch des Mittelzeitgedächtnisses, des sogenannten „Arbeitsspeichers", verhindern, dass die Übungen Früchte tragen. Wenn der Patient schon nach kurzer Zeit völlig vergessen hat, was er tun sollte, verhindert dies den systematischen Aufbau von Funktionen. Auch grundlegende Wahrnehmungsfunktionen müssen in Ordnung sein, bzw. bei Defiziten zunächst gezielt trainiert werden. Wenn der Patient durch visuelle Defizite nicht fähig ist, die Übungen im Therapiebuch richtig zu erkennen, wird er dementsprechend keine besonders guten Leistungen zeigen. Gehirnfunktionen bedingen sich untereinander und es kann selbst für den Fachmann oft schwierig sein zu entscheiden, mit welcher Behandlung man anfangen sollte.

Hat man die Defizite dann aber erst einmal genau eingegrenzt, kann eine Vielzahl solcher Übungen auch zu Hause durchgeführt werden. Insoweit es die Belastbarkeit des betroffenen Menschen zulässt, gilt hier durchaus der Grundsatz: Je mehr desto besser. Ein Schüler, der jeden Tag eine Stunde lang englische Vokabeln paukt, wird nach einem Zeitraum von zwei Jahren sehr viel besser englisch sprechen als ein Schüler, der nur hin und wieder für ein Viertelstündchen englische Vokabeln lernt. Dasselbe gilt für ein Hirnleistungstraining. Auch hier müssen verlorengegangene Funktionen oft von Grund auf wieder aufgebaut werden. Dieser Vorgang dauert oft Jahre und bringt nur dann Erfolg, wenn das Training regelmäßig und systematisch durchgeführt wird. Wie ein Schüler, der jeden Morgen zur Schule geht, muss auch ein solches Übungstraining fest in den Tagesablauf integriert werden. Am besten ist es, eine Tageszeit fest dafür zu reservieren.

Ob ein Hirnleistungstraining durchgeführt werden kann, hängt von folgenden Faktoren ab:

- Wie motiviert ist die Person von sich aus, für längere Zeiträume jeden Tag zu üben, z. B. täglich eine Stunde lang, bis sich nachhaltige Besserungen erreichen lassen? Bei mangelnder Motivationslage ist hier zu fragen, ob diese von außen verbessert werden kann, z. B. indem man Anreize in Form von Lob, Zuwendung oder sogar kleinen Belohnungen hinzufügt, um den Betroffenen zu ermuntern, das Training weiterhin fortzusetzen.

- Macht das Training Spaß? Häufig kaufen Leute irgendwelche Materialien, die sie zufällig sehen und die eine schnelle Leistungssteigerung versprechen. Ein Hirnleistungstraining wird (wie jeder Lernprozess) um so erfolgreicher sein, je mehr Spaß die Übungen machen. Spielerisches Material hat meist sehr viel mehr Erfolg als trockene Übungen. Sind die Übungen abwechselnd oder steht immer dasselbe (langweilige) Prinzip dahinter? Wird auch einmal die Kreativität gefordert?

- Ein Hirnleistungstraining muss immer an der oberen Grenze des Leistungsvermögens durchgeführt werden. Dies bedeutet, dass zu leichte Übungen schnell langweilig werden. Zu schwere Aufgaben führen zur Frustration und zum Abbruch des Trainings. Die Übungen sollten so sein, dass der Betroffene sie als schwierig empfindet, sich also anstrengen muss, aber in der Mehrzahl der Fälle die richtige Lösung finden kann. Optimal sind hier natürlich Computerprogramme, die aus der Anzahl der richtigen Lösungen und der Fehler immer wieder einen Quotienten bilden und danach völlig automatisch die Schwierigkeit der Übungen individuell einstellen. Ein solches Programm führt den Übenden dann exakt entlang seiner persönlichen Leistungsgrenze. In diesem Buch wird zu diesem Zweck bei den meisten Aufgaben eine stufenweise Steigerung der Schwierigkeit innerhalb einzelner Bereiche angeboten.

- Gute Leistungssteigerungen bringt ein Hirnleistungstraining nach einer einmaligen Schädigung, z. B. nach einem Schlaganfall oder einem Unfall mit Hirnverletzung. Hier bessern sich die Patienten nach und nach und haben dadurch Erfolge, was die Motivation erhöht. Problematisch ist ein solches Training bei fortschreitenden chronischen Erkrankungen. Eine deutliche Besserung ist in der Regel nicht zu erreichen. Dies bedeutet nicht, dass ein Hirnleistungstraining in diesen Fällen sinnlos ist. Oft kann man hierdurch über lange Zeiträume ein Niveau aufrechterhalten, das sonst schon längst weiter abgesunken wäre. Wunder erhoffen darf man sich in solchen Fällen allerdings nicht. Hier sind oft deutliche Grenzen eines Hirnleistungstrainings vorhanden.

- Unterschiedliche Bereiche der Gehirnleistung sind unterschiedlich gut trainierbar. Dies hängt letztlich allerdings immer von der Ursache, dem Ort und der Größe der Hirnschädigung ab.

- Nicht alle Menschen sind besonders begeistert davon, an einem Hirnleistungstraining teilzunehmen. Dies sollte man ggf. auch einmal tolerieren.

Auf den folgenden Seiten finden Sie eine Fülle von Übungen, um ein Hirnleistungstraining durchzuführen. Bitte nehmen Sie dieses Buch auch ruhig als Anregung, um sich weiteres Material selbst herzustellen. Die Aufgaben wurden dabei verschiedenen Funktionsstörungen zugeordnet: Konzentration, Gedächtnis, Sprache, visuelle Wahrnehmung, Lesen, Textverständnis, Schreiben, Rechnen und Nachdenken. Die Symbole im Inhaltsverzeichnis zeigen an, welchem Bereich das Material schwerpunktmäßig zugeordnet werden kann. Der Bereich Gedächtnistraining wurde in diesem Buch etwas vernachlässigt, da vom gleichen Autor mehrere Bücher speziell zu diesem Bereich vorliegen (*Lesen, Merken und erinnern, Progressives Gedächtnis- und Konzentrationstraining und Gedächtnis-Geschichten – Das muss ich mir merken*), die Gedächtnisfunktionen trainieren. Hier werden daher im Wesentlichen nur Übungen für den Bereich des sogenannten Altgedächtnisses vorgestellt, d. h. Schulwissen und Biographie.

## 4. Fragen

**Wenn Sie den Einleitungstext gründlich gelesen haben, dann müssten Sie die Antworten auf die folgenden 16 Fragen wissen:**

1. In welchem Land wurden schon vor 10.000 Jahren Hunderte von Eröffnungen des Schädels (Trepanationen) durchgeführt?
   *(H) Bayern*
   *(K) Australien*
   *(N) Peru*
   *(W) Tahiti*

2. Was wurde in einer Papyrusrolle aus dem Jahr 3.000 vor Christus bereits beschrieben?
   *(E) Die rechte Hirnhälfte steuert die linke Körperhälfte*
   *(I) Das Limbische System ist der Sitz der Gefühle*
   *(A) Die Schläfenlappen haben wichtige Aufgaben für das Gedächtnis*
   *(O) Der Riechkolben liegt an der Unterseite des Gehirns*

3. Worin sah Hippokrates die Ursache des Schlaganfalls?
   *(R) Zu viel Trinken von Rotwein*
   *(T) Zu viel Rauchen*
   *(S) Zu viel Arbeit*
   *(U) Zu viel schwarze Galle*

4. Was wurde Epileptikern im antiken Rom geraten?
   *(C) Sexuelle Enthaltsamkeit zu üben*
   *(R) Das Blut getöteter Gladiatoren zu trinken*
   *(B) Sich möglichst wenig zu bewegen*
   *(N) Gemahlene Elefantenstoßzähne einzunehmen*

5. Was verbot Papst Bonifazius VII. im 10. Jahrhundert?
   *(O) Das Sezieren von Leichen*
   *(H) Den Aderlass als Behandlungsmethode*
   *(P) Die Einnahme von Aphrodisiaka*
   *(L) Die Behandlung von Kranken*

6. Warum führte man im Mittelalter keine Gehirnoperationen durch?
   *(E) Man hatte keine Werkzeuge zur Schädelöffnung*
   *(P) Man hatte Angst, die Seele könnte entweichen*
   *(W) Man hatte keine Wirkstoffe, um den Patienten ruhig zu halten*

*(M) Man wusste nicht, was unter der Schädeldecke lag*

7. Andre Paré berichtete 1564 von einem Mann, der beim französischen König vorstellig wurde. Was wollte der Mann?
   *(V) Der Hofarzt sollte ihm eine Geschwulst auf der Nase entfernen*
   *(I) Der Hofarzt sollte ihm einen Pfeil aus dem Kopf entfernen*
   *(S) Der Hofarzt sollte sein Gehirn gegen ein gesundes austauschen*
   *(A) Der Hofarzt sollte ihm eine Verletzung des Gehirns reparieren*

8. Woraus wurde Drachenblut gewonnen?
   *(X) Aus dem Blut von getöteten Drachen*
   *(Z) Aus dem Blut erhängter Verbrecher*
   *(S) Aus dem Blut eines im Mittelmeer lebenden Fisches*
   *(Y) Aus einer orientalischen Pflanze*

9. An was legte Giovanni Aldini elektrischen Strom?
   *(F) An die Köpfe von Patienten mit Hirnverletzungen*
   *(C) An die Köpfe enthaupteter Verbrecher*
   *(H) An die ersten Glühbirnen*
   *(T) An seine eigene Stirn*

10. Woran erinnert nach Ansicht von Cesare Lombroso die Schädelform von Verbrechern?
    *(J) An die Schädel von Kindern*
    *(I) An die Schädel von Krokodilen*
    *(U) An die Schädel von Neandertalern*
    *(H) An die Schädel von Affen*

11. Wer hatte nach Ansicht von Anthony Spitzka das höchste Gehirngewicht?
    *(A) Politiker*
    *(N) Könige*
    *(O) Naturwissenschaftler*
    *(E) Mönche*

12. Wie war der Eisenbahnarbeiter Phineas Gage nach seinem Unfall?
    *(L) Phineas Gage war impulsiv, respektlos und launisch*
    *(M) Phineas Gage konnte sich unbegrenzt Zahlen merken*
    *(Q) Phineas Gage war nach einer Hirnverletzung klüger als vorher*
    *(G) Phineas Gage war nach einem Unfall ruhiger und ausgeglichener als früher*

13. Wer entdeckte den genauen Ort des Sprachzentrums im Gehirn?
    *(M) Andreas Vesalius*
    *(N) Luigi Galvani*
    *(O) Paul Broca*
    *(P) Robert Whytt*

14. Wer zeichnete eine Kartographie unterschiedlicher Gehirnzellen?
    *(G) Korbinian Brodmann*
    *(H) Hippokrates*
    *(K) Leonardo da Vinci*
    *(L) Thomas Willis*

15. Wo entwickelte Camillo Golgi seine Technik zum Einfärben von Nervenzellen?
    *(H) In einem großen Labor*
    *(I) In der Küche eines Krankenhauses*
    *(J) In seinem Wohnzimmer*
    *(K) In einem Kloster*

16. Wie brachte Karl Lashley einem Patienten mit Sprachversagen das Alphabet bei?
    *(B) Lashley entwickelte ein Lernsystem*
    *(C) Lashley drohte dem Patienten mit Strafen*
    *(D) Lashley übte das Alphabet 900-mal*
    *(E) Lashley versprach dem Patienten 100 Zigaretten*

**Die Buchstaben vor der korrekten Antwort ergeben ein Lösungswort:**

| 1 | 2 | 3 | 4 | 5 | 6 | 7 | 8 | 9 | 10 | 11 | 12 | 13 | 14 | 15 | 16 |
|---|---|---|---|---|---|---|---|---|---|---|---|---|---|---|---|
| | | | | | | | | | | | | | | | |

**1. Übung:** ***Welches Zeichen passt nicht dazu?***

Bitte das Zeichen durchstreichen, das nicht in die Reihe passt! In jeder Reihe befindet sich nur ein falsches Zeichen. Die Nummerierung in der ersten Spalte dient lediglich der Orientierung. Lösungshilfe am Ende des Buches.

| | | | | | | | | | | | | |
|---|---|---|---|---|---|---|---|---|---|---|---|---|
| 1. | S | S | A | S | S | S | S | S | S | S | S | |
| 2. | M | M | M | M | N | M | M | M | M | M | | |
| 3. | O | O | O | O | O | O | Q | O | O | O | | |
| 4. | W | V | W | W | W | W | W | W | W | | | |
| 5. | E | E | E | E | F | E | E | E | E | E | | |
| 6. | *B* | *B* | *B* | *B* | *B* | *B* | *B* | *B* | *B* | *B* | *P* | |
| 7. | B | B | B | B | B | B | B | ß | B | B | B | |
| 8. | 9 | 9 | 9 | 9 | 6 | 9 | 9 | 9 | 9 | 9 | 9 | 9 |
| 9. | 5 | 5 | 5 | S | 5 | 5 | 5 | 5 | 5 | 5 | 5 | 5 |
| 10. | U | V | U | U | U | U | U | U | U | U | U | |
| 11. | 1 | I | 1 | 1 | 1 | 1 | 1 | 1 | 1 | 1 | 1 | 1 |
| 12. | E | E | E | E | E | 3 | E | E | E | E | E | |

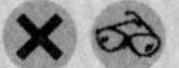

## 2. Übung: *Welches Zeichen passt nicht dazu?*

Bitte wieder das Zeichen durchstreichen, das nicht in die Reihe passt! In jeder Reihe befindet sich nur <u>ein</u> falsches Zeichen. Die Numerierung in der ersten Spalte dient lediglich der Orientierung. Lösungshilfe am Ende des Buches.

| | |
|---|---|
| 1. | □ □ □ □ □ 🗋 □ |
| 2. | ⊙ ⊙ ⊙ ⊙ ⊙ ⊙ ⊙ ○ |
| 3. | ☽ ☽ ☽ ☾ ☽ ☽ ☽ ☽ |
| 4. | → → → → → → → ← |
| 5. | ✂ ✂ ✂ ✄ ✂ ✂ ✂ |
| 6. | ◢ ◢ ◢ ◢ ◢ ◢ ◢ ◣ |
| 7. | ◈ ◇ ◈ ◈ ◈ ◈ ◈ ◈ |
| 8. | 🗇🗇🗇🗇🗇🗐🗇🗇🗇🗇🗇🗇🗇🗇🗇🗇🗇 |
| 9. | ☜☞☜☜☜☜☜☜☜ |
| 10. | 🗎🗎🗎🗎🗎🗎🗎🗎🗎🗎🗎🗎🗎🗎🗎🗎🗎🗎🗎🗏🗎 |
| 11. | ⬢⯃⯃⯃⯃⯃⯃⯃⯃⯃⯃⯃ |
| 12. | ********✱********* |

### 3. Übung: *Welches Zeichen passt nicht dazu?*

Bitte die Zahlenreihe durchstreichen, die nicht in die Reihe passt! In jeder Reihe befindet sich nur eine falsche Zahlenfolge. Die Numerierung in der ersten Spalte dient lediglich der Orientierung. Lösungshilfe am Ende des Buches.

| | |
|---|---|
| 1. | 12 12 12 12 21 12 12 12 |
| 2. | 37 37 37 37 73 37 37 37 37 37 37 |
| 3. | 99 99 99 99 99 99 99 99 66 99 |
| 4. | 96 69 69 69 69 69 69 69 69 69 |
| 5. | 432 432 432 234 432 432 432 432 |
| 6. | 728 728 728 728 728 728 782 728 |
| 7. | 456 456 455 456 456 456 456 456 |
| 8. | 838 838 838 838 383 838 838 838 |
| 9. | 696 696 969 696 696 696 696 696 696 |
| 10. | 1234 1234 1234 1235 1234 1234 1234 |
| 11. | 9836 9836 9836 9836 9836 9836 9863 |
| 12. | 673.451 673.451 673.451 673.451 673.541 673.451 |

## 4. Übung: *Welches Zeichen passt nicht dazu?*

Bitte wieder das Zeichen durchstreichen, das nicht in die Reihe passt! In jeder Reihe befindet sich nur ein falsches Zeichen. Die Numerierung in der ersten Spalte dient lediglich der Orientierung. Lösungshilfe am Ende des Buches.

| | |
|---|---|
| 1. | |
| 2. | |
| 3. | |
| 4. | |
| 5. | |
| 6. | |
| 7. | |
| 8. | |
| 9. | |
| 10. | |
| 11. | |
| 12. | |

**5. Übung:** ***Welches Zeichen passt nicht dazu?***

Bitte die Buchstabenfolge durchstreichen, die nicht in die Reihe passt! In jeder Reihe befindet sich nur ein falsches Wort oder eine falsche Folge von Buchstaben. Die Numerierung in der ersten Spalte dient lediglich der Orientierung. Lösungshilfe am Ende des Buches.

| | |
|---|---|
| 1. | OBER ODER ODER ODER ODER |
| 2. | Fuß Faß Fuß Fuß Fuß Fuß Fuß |
| 3. | Regen Regen Reden Regen Regen Regen |
| 4. | Kirsche Kirsche Kirsche Kirche Kirsche Kirsche |
| 5. | Satellitenantenne Satellitenantenne Satelitenantenne |
| 6. | ABOKAMODI ABOKAMUDI ABOKAMUDI ABOKAMUDI |
| 7. | meranider meranider meranedir meranider meranider |
| 8. | Trobotapur Trobotapur Trobotapur Trobotapur Tropotabur |
| 9. | Estfgl Estfgl Estfgl Estfgl Estfgl Estlgf Estfgl |
| 10. | ayoiue ayoiue ayoiue ayoiue ayoiue ayoiue aioyue |
| 11. | krsthwv grsthwv grsthwv grsthwv grsthwv grsthwv |
| 12. | mnrstghlv mnrstghlv mnrstghlv mnrstglv mnrstghlv |

**6. Übung: *Durchstreichen!***

Bitte **alle** Smileys ankreuzen, die böse aussehen: ☹. In jeder Reihe befinden sich unterschiedlich viele davon (mitunter allerdings auch gar keines). Möglichst schnell arbeiten! Die Nummerierung in der ersten Spalte dient lediglich der Orientierung. Lösungshilfe am Ende des Buches.

| | | | | | | | | | |
|---|---|---|---|---|---|---|---|---|---|
| 1. | ☹ | ☺ | ☹ | ☺ | ☺ | ☹ | ☺ | ☺ | ☹ |
| 2. | ☺ | ☹ | ☺ | ☺ | ☺ | ☺ | ☹ | ☺ | ☺ |
| 3. | ☹ | ☹ | ☹ | ☺ | ☺ | ☺ | ☺ | ☺ | ☺ |
| 4. | ☺ | ☹ | ☺ | ☺ | ☺ | ☺ | ☹ | ☺ | ☹ |
| 5. | ☺ | ☺ | ☺ | ☺ | ☺ | ☺ | ☺ | ☺ | ☺ |
| 6. | ☹ | ☺ | ☹ | ☺ | ☹ | ☺ | ☹ | ☺ | ☹ |
| 7. | ☺ | ☺ | ☺ | ☺ | ☹ | ☺ | ☺ | ☺ | ☺ |
| 8. | ☹ | ☹ | ☹ | ☹ | ☺ | ☹ | ☹ | ☹ | ☹ |
| 9. | ☺ | ☺ | ☺ | ☺ | ☺ | ☺ | ☺ | ☺ | ☹ |
| 10. | ☺ | ☹ | ☺ | ☺ | ☺ | ☹ | ☺ | ☺ | ☹ |

**7. Übung:** ***Durchstreichen!***

Bitte alle Uhren ankreuzen, die 12.00 Uhr anzeigen: . In jeder Reihe befinden sich unterschiedlich viele davon (mitunter auch gar keine). Möglichst schnell arbeiten! Die Nummerierung in der ersten Spalte dient lediglich der Orientierung. Lösungshilfe am Ende des Buches.

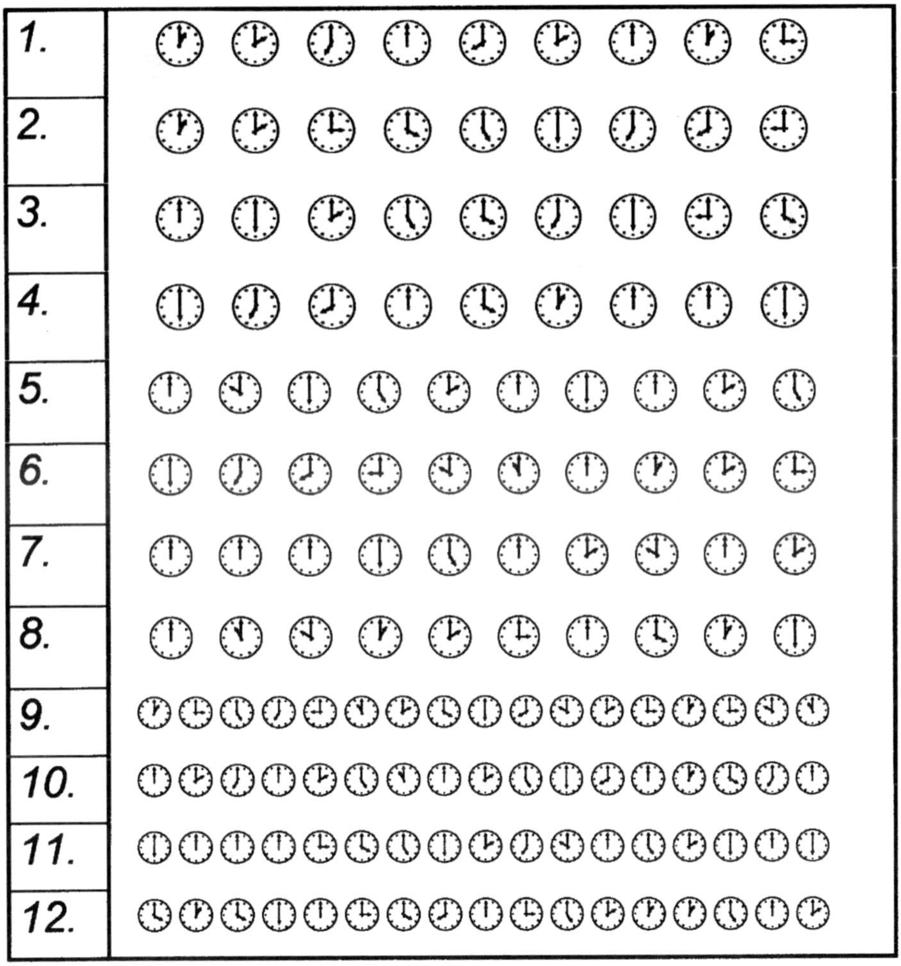

| | |
|---|---|
| 1. | |
| 2. | |
| 3. | |
| 4. | |
| 5. | |
| 6. | |
| 7. | |
| 8. | |
| 9. | |
| 10. | |
| 11. | |
| 12. | |

**8. Übung:** ***Durchstreichen!***

Bitte die Doppelpfeile ankreuzen: ⇔! In jeder Reihe befinden sich unterschiedlich viele davon, mitunter auch gar keine. Möglichst schnell arbeiten! Die Nummerierung in der ersten Spalte dient lediglich der Orientierung. Lösungshilfe am Ende des Buches.

| | |
|---|---|
| 1. | ⇔ ⇐ ⇑ ⇒ ⇓ ⇔ ⇐ ⇐ ⇑ ⇓ ⇓ ⇑ ⇔ |
| 2. | ⇑ ⇑ ⇑ ⇐ ⇔ ⇔ ⇔ ⇒ ⇒ ⇓ ⇐ ⇒ |
| 3. | ⇔ ⇔ ⇔ ⇐ ⇐ ⇒ ⇒ ⇒ ⇔ ⇔ ⇐ |
| 4. | ⇒ ⇐ ⇔ ⇑ ⇓ ⇐ ⇒ ⇔ ⇒ ⇐ ⇑ ⇒ |
| 5. | ⇑ ⇐ ⇔ ⇒ ⇓ ⇔ ⇔ ⇐ ⇒ ⇐ ⇒ ⇔ ⇑ ⇑ ⇒ |
| 6. | ⇔ ⇔ ⇔ ⇐ ⇒ ⇐ ⇒ ⇔ ⇐ ⇐ ⇑ ⇒ ⇐ ⇒ |
| 7. | ⇑ ⇓ ⇐ ⇒ ⇑ ⇓ ⇐ ⇒ ⇓ ⇑ ⇓ ⇐ ⇒ ⇑ ⇓ ⇓ ⇒ |
| 8. | ⇐ ⇔ ⇐ ⇑ ⇒ ⇐ ⇔ ⇐ ⇒ ⇐ ⇐ ⇔ ⇒ ⇒ |
| 9. | ⇔ ⇐ ⇒ ⇐ ⇔ ⇒ ⇔ ⇐ ⇒ ⇐ ⇔ ⇒ ⇒ ⇐ ⇐ ⇔ ⇔ ⇐ |
| 10. | ⇐ ⇐ ⇔ ⇒ ⇒ ⇐ ⇐ ⇐ ⇔ ⇒ ⇒ ⇔ ⇐ ⇒ ⇐ ⇔ ⇔ ⇒ |
| 11. | ⇐⇒⇐⇒⇐⇒⇐⇒⇔⇐⇒⇐⇒⇔⇐⇒⇐⇒⇔⇐⇒⇐⇒ |
| 12. | ⇒⇐⇒⇔⇔⇔⇐⇐⇒⇔⇐⇔⇐⇒⇔⇐⇔⇒⇒⇒⇔⇐⇔ |

## 9. Übung: *Durchstreichen!*

Bitte die Zahlenkombination **„99"** ankreuzen! Oft versteckt sie sich in längeren Zahlenreihen. In jeder Zeile befinden sich unterschiedlich viele davon, mitunter auch gar keine. Möglichst schnell arbeiten! Die Nummerierung in der ersten Spalte dient lediglich der Orientierung. Lösungshilfe am Ende des Buches.

| | |
|---|---|
| 1. | 23 65 48 99 54 31 74 88 99 63 |
| 2. | 66 77 99 99 44 33 99 22 11 99 |
| 3. | 0451 5675 8799 5499 5690 51 |
| 4. | 0391 6354 1199 9956 7899 99 |
| 5. | 1356764556699775357868862199453789 |
| 6. | 0986643215675487909876784321097696 |
| 7. | 5352345923425994552359945235999952 |
| 8. | 1115456644523445994699609785643568 |
| 9. | 754436799754569964359959956439909075643994 |
| 10. | 654322699654997653436997544569976997543699 |
| 11. | 665432125678890097531366754790966576889078 |
| 12. | 998754356789976779976997532578997546990990 |

**10. Übung:** ***Durchstreichen!***

Bitte den Buchstaben **„q"** ankreuzen! In jeder Reihe befinden sich unterschiedlich viele davon, mitunter auch gar keiner. Möglichst schnell arbeiten! Die Nummerierung in der ersten Spalte dient lediglich der Orientierung. Lösungshilfe am Ende des Buches.

| | |
|---|---|
| 1. | q b d q b d d p p b q q |
| 2. | p d d p q q p d b b d d p |
| 3. | q q q b q p p q b d d q b |
| 4. | b d p p d b b d p p b p b |
| 5. | p b d q q d q d p b p b d q d q d b d |
| 6. | q b q q p p b d b p b q b p q p q q b |
| 7. | ppppqppppqpbdbdbdpbdpbddbbpp |
| 8. | pbpbqbpbdbdbppbdpbdpdpnpbdqp |
| 9. | b p d q q d q d q p q p q p b p b d p b d q q d q b p b |
| 10. | q p b p b p d q d p q p q d b p b d p b d q p b p b |
| 11. | bpbdbdbbpbpbdbbddppbbppbdbpbppddbpbdpd |
| 12. | qbpqbdqdpqpqpqpbpbdqpbpqdbdbpqpqpqbdpd |

**11. Übung:** ***Gleiches Zeichen finden!***

Jedes Zeichen ist zweimal vorhanden. Wo findet man dasselbe Zeichen? Die Buchstaben und Zahlen am Rand dienen zur Orientierung. Insgesamt müssen es 25 Paare sein. Lösungshilfe am Buchende.

| | 1 | 2 | 3 | 4 | 5 |
|---|---|---|---|---|---|
| A | | | | | |
| B | | | | | |
| C | | | | | |
| D | | | | | |
| E | | | | | |
| F | | | | | |
| G | | | | | |
| H | | | | | |
| I | | | | | |
| J | | | | | |

Gleich sind: A1 und B3, A2 und ________, A3 und ________, A4 und ________,

A5 und ______________________________________________

______________________________________________

______________________________________________

**12. Übung:** ***Gleiches Zeichen finden!***

Jedes Wort ist zweimal vorhanden. Wo findet man dasselbe Wort? Die Buchstaben und Zahlen am Rand dienen zur Orientierung. Insgesamt müssen es 25 Paare sein. Lösungshilfe am Buchende.

| | 1 | 2 | 3 | 4 | 5 |
|---|---|---|---|---|---|
| A | Auto | Bus | Zelt | China | Dach |
| B | Dach | Auto | Efeu | Farn | Garn |
| C | Hund | Jagd | China | Bus | Kiste |
| D | Zelt | Laub | Nagel | Opa | Hund |
| E | Papa | Made | Efeu | Qual | Farn |
| F | Reh | Ufer | Stoff | Made | Tau |
| G | Vogel | Garn | Wal | Igel | Papa |
| H | Yacht | Opa | Laub | Stoff | Qual |
| I | Yacht | Vogel | Tau | Kiste | Jagd |
| J | Igel | Wal | Nagel | Ufer | Reh |

Gleich sind: A1 und B2, A2 und ________, A3 und ________, A4 und ________,

A5 und ______________________________________________

______________________________________________

______________________________________________

**13. Übung:** ***Gleiches Zeichen finden!***

Jede Zahl ist zweimal vorhanden. Wo findet man dieselbe Zahl? Die Buchstaben und Zahlen am Rand dienen zur Orientierung. Insgesamt müssen es 25 Paare sein. Lösungshilfe am Buchende.

| | 1 | 2 | 3 | 4 | 5 |
|---|---|---|---|---|---|
| A | 111 | 222 | 333 | 444 | 555 |
| B | 666 | 777 | 888 | 999 | 000 |
| C | 123 | 555 | 456 | 789 | 153 |
| D | 279 | 386 | 452 | 579 | 644 |
| E | 899 | 711 | 777 | 333 | 789 |
| F | 666 | 910 | 123 | 456 | 888 |
| G | 390 | 111 | 153 | 471 | 279 |
| H | 631 | 579 | 386 | 222 | 644 |
| I | 999 | 471 | 390 | 452 | 000 |
| J | 631 | 711 | 444 | 899 | 910 |

Gleich sind: A1 und G2, A2 und ________, A3 und ________, A4 und ________,

A5 und ______________________________________________

______________________________________________

______________________________________________

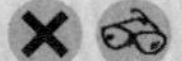

## 14. Übung: *Gleiches Zeichen finden!*

Jedes Zeichen ist zweimal vorhanden. Wo findet man dasselbe Zeichen? Die Buchstaben und Zahlen am Rand dienen zur Orientierung. Insgesamt müssen es 25 Paare sein. Lösungshilfe am Buchende.

| | 1 | 2 | 3 | 4 | 5 |
|---|---|---|---|---|---|
| A | ⏲ | ⏲ | ⏲ | ⏲ | ⏲ |
| B | ① | ② | ⏲ | ⑦ | ⑧ |
| C | ⑩ | ⏲ | ③ | ⏲ | ⑨ |
| D | ⏲ | ⏲ | ③ | ⑩ | ⓿ |
| E | ⑥ | ④ | ⏲ | ⓿ | ⏲ |
| F | ⏲ | ⏲ | ⏲ | ⏲ | ⏲ |
| G | ⏲ | ⑤ | ⑥ | ❶ | ⏲ |
| H | ⑦ | ⏲ | ⏲ | ⏲ | ❷ |
| I | ⑧ | ① | ② | ❷ | ❶ |
| J | ⏲ | ④ | ⑤ | ⑨ | ⏲ |

Gleich sind: A1 und C2, A2 und ________, A3 und ________, A4 und ________,

A5 und ______________________________________________

______________________________________________

______________________________________________

**15. Übung:** ***Gleiches Zeichen finden!***

Jede Zeichenfolge ist zweimal vorhanden. Wo findet man dieselbe Zeichenfolge? Die Buchstaben und Zahlen am Rand dienen zur Orientierung. Insgesamt müssen es 25 Paare sein. Lösungshilfe am Buchende.

| | 1 | 2 | 3 | 4 | 5 |
|---|---|---|---|---|---|
| A | a3g07 | xx45d | aEg06 | xx55y | ara55 |
| B | xx11f | 66xb0 | a3g07 | ary55 | ab3sd |
| C | 66ab1 | ax54c | 99x99 | 5432y | 99xb0 |
| D | 99yb0 | 5432z | xx33z | xx45d | 99zb0 |
| E | 5432x | ab3sd | 66x66 | 66ab0 | 99ab0 |
| F | 99ab1 | 5432y | ara55 | 99ab1 | xx11f |
| G | 5432x | 5432z | 99ab0 | xx55y | 99yb0 |
| H | 5432a | ax54c | 99zb0 | aEg06 | 66yb0 |
| I | 99xb0 | 66yb0 | 66ab1 | 66x66 | xx33z |
| J | 5432a | 66ab0 | ary55 | 66xb0 | 99x99 |

Gleich sind: A1 und B3, A2 und ________, A3 und ________, A4 und ________,

A5 und ____________________________________________

____________________________________________

____________________________________________

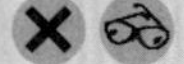

**16. Übung:** ***Tippfehler***

Bitte die linke mit der rechten Spalte vergleichen. Beide sollten eigentlich gleich sein. Es haben sich aber in der rechten Spalte einige Tippfehler eingeschlichen. Alle Tippfehler durchstreichen! Achtung: pro Zeile können keine oder mehrere Tippfehler sein. Lösung am Buchende.

| | | |
|---|---|---|
| 1. | Auto, Haus, Bus, | Auto, Hase, Bus, |
| 2. | Ofen, Bär, Rahm, | Ofen, Bär, Raum, |
| 3. | Bar, Tier, Pferd, | Bär, Tier, Pferd, |
| 4. | Frau, Nacht, Öl, | Frau, Nackt, Öl, |
| 5. | Sonne, Teppich, | Sonne, Teppich, |
| 6. | Lampe, Gras, Huhn, | Lampe, Gas, Hahn, |
| 7. | Computer, Kahn, | Computer, kühn, |
| 8. | Fahrrad, Tafel, Blei, | Fahrrad, Tüffel, Blei, |
| 9. | Stift, Garten, Schach, | Stift, Gerten, Schacht, |
| 10. | Rot, Teppich, Hase, | Rat, Teppich, Hose, |
| 11. | Strand, Mehl, Teller, Papier, | Strand, Mahl, Heller, Pappe, |
| 12. | Fabrik, Mars, Modell, Rad, | Fabrik, Mars, Modell, Rat, |
| 13. | Zement, Gas, Natur, ist, | Zement, Gasse, Natur, isst, |
| 14. | Physik, Lehrer, Fernseher, | Physik, Leere, Fernseher, |
| 15. | Langeweile, Nagetier, Mut, | Langeweile, Nutztier, Mut, |
| 16. | Säugetier, Farbfernseher, | Säugetier, Farbfernseher, |
| 17. | Rakete, Renntier, Rübezahl, | Rakete, Renntier, Rübezahl, |
| 18. | Computertaste, Buchseiten, | Computertesten, Buchseiten, |
| 19. | Margarine, Uhr, Waschbrett, | Margarine, Uhr, Waschbär, |
| 20. | Ruhm, fett, Nebel, Nadel. | Ruhm, nett, Nabel, Nagel. |

## 17. Übung: Tippfehler

Bitte die linke und die rechte Spalte vergleichen. Beide sollten eigentlich gleich sein. Es haben sich aber in der rechten Spalte einige Fehler eingeschlichen. Alle Fehler durchstreichen! Achtung: pro Zeile können keines oder mehrere Bilder falsch sein. Lösung am Buchende.

**18. Übung:** ***Tippfehler***

Bitte die linke und die rechte Spalte vergleichen. Beide sollten eigentlich gleich sein. Es haben sich aber in der rechten Spalte einige Tippfehler eingeschlichen. Alle Tippfehler durchstreichen! Achtung: pro Zeile können keine oder mehrere Tippfehler vorhanden sein. Lösung am Buchende.

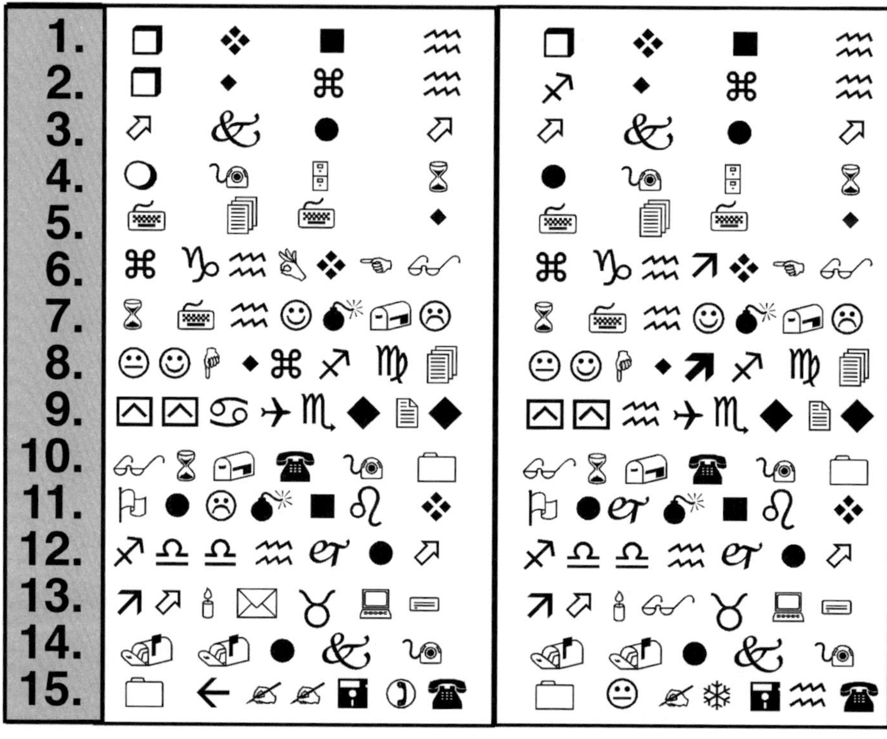

## 19. Übung: *Tippfehler*

Bitte die linke und die rechte Spalte vergleichen. Beide sollten eigentlich gleich sein. Es haben sich aber in der rechten Spalte einige Tippfehler eingeschlichen. Alle Tippfehler durchstreichen! Achtung: pro Zeile können keine oder mehrere Tippfehler vorhanden sein. Lösung am Buchende.

| | | |
|---|---|---|
| 1. | 145 168 023 44 | 145 168 123 44 |
| 2. | 487 199 481 35 | 487 199 481 35 |
| 3. | 934 719 38 471 | 933 719 38 471 |
| 4. | 4951 80 20 345 | 4951 80 20 345 |
| 5. | 11285 649 201 | 13385 649 201 |
| 6. | 294 669 32 007 | 293 669 30 007 |
| 7. | 193 857 937 98 | 193 857 937 98 |
| 8. | 2394743101292 | 2394743201292 |
| 9. | 8358456729294 | 9358456728293 |
| 10. | 3785755775564 | 3785755775564 |
| 11. | 747383923939 8902 | 747388923989 8902 |
| 12. | 109374057843 1038 | 209364057843 1038 |
| 13. | 201649435454 6586 | 201649435454 6586 |
| 14. | 096947937394 0438 | 006946936393 0438 |
| 15. | 436459203878 4747 | 436459203868 4645 |

## 20. Übung: *Tippfehler*

Bitte die linke und die rechte Spalte vergleichen. Beide sollten eigentlich gleich sein. Es haben sich aber in der rechten Spalte einige Tippfehler eingeschlichen. Alle Tippfehler durchstreichen! Achtung: pro Zeile können keine oder mehrere Tippfehler sein. Auch Unterschiede zwischen großen und kleinen Buchstaben gelten als Fehler (z. B. „A“ und „a“).

| 1. | BGHJ-3-HJB .V | BGHJ-3-H1B .V |
|---|---|---|
| 2. | fd/67-VVB.iu’98 | id/67+VVB.iu’9l |
| 3. | fhni/HJ-bGHBG | fhnj/HJ-bGIBG |
| 4. | B.gbtFCFEsFD | B.gbTFCFFsFD |
| 5. | HMNLPpMBGV | HWNLPpMBGV |
| 6. | FTZF&GGH78&%G | FTZF&ggH78&%G |
| 7. | T56gGBV6gvJhGG | T56gGBV6gvJhgg |
| 8. | zggF$4476TZgvbg | zggF$4479TZgvbg |
| 9. | vcED“qayVCbmK | vcFD,,QayVCbmK |
| 10. | m;op=87(jKppMMN | m;op=87(jKppMMN |
| 11. | kPP0(jnHN764556vBhF%f | kpp0(jnHN794556vBhF%f |
| 12. | GHHkmjnu(87hhGF/7GHh | Ghhkmjnu(87hhGF/7Ghh |
| 13. | BBfFe§3$$%&7Zbg6g/Ug | BPfFe§3&$%&7Zbg6g/Ug |
| 14. | hhz755GGhh&%$%ggggt | HHZ755GGii&%$&ggggt |
| 15. | 543FFGHT545tgaaaaaaaa | 543FFGHT545tgaaaeeeee |
| 16. | hzkk97GT6rggh/&tfdsgadfgH& | hzkk67GT9rggh/§tfdsgadfgH& |
| 17. | 5544565456356trdfgnBV$6677 | 5544565456356trDFGNBV$6677 |
| 18. | &&$%ff%%7&tgt/6tGGG//UHJJ | &&$%ff%%7&tgt/6tggG//UHJJ |
| 19. | bnbct676rgfVBVBhjgh676$32! | bnbct???rgfVBVBhjgh???$32! |
| 20. | asfVbNM,nNBjkoOööPüÄxxxx | AsfVbNM’nNBjkoOööPüÄyyyy |

## 21. Übung: *Berühmte Schauspieler (1900–1950)*

1. Bitte die Vornamen der folgenden berühmten Schauspieler ergänzen. Die alphabetisch sortierte Liste von Vornamen ist dabei hilfreich: *Alec, Asta, Bette, Boris, Buster, Cary, Charlie, Clark, Douglas, Edward G., Elizabeth, Emil, Errol, Fred, Gary, Gregory, Greta, Groucho, Gustav, Heinz, Harold, Hildegard, Humphrey, Ingrid, James, Jean, John, Johnny, Joseph, Judy, Lil, Marlene, Marylin, Oliver, Orson, Rita, Spencer, Stan, Willy, Zarah.*

| | | | |
|---|---|---|---|
| ____________ | **Knef** | ____________ | **Grant** |
| ____________ | **Taylor** | ____________ | **Dagover** |
| ____________ | **Monroe** | ____________ | **Lloyd** |
| ____________ | **Keaton** | ____________ | **Leander** |
| ____________ | **Welles** | ____________ | **Hardy** |
| ____________ | **Guiness** | ____________ | **Laurel** |
| ____________ | **Peck** | ____________ | **Astaire** |
| ____________ | **Hayworth** | ____________ | **Gable** |
| ____________ | **Nielsen** | ____________ | **Marx** |
| ____________ | **Robinson** | ____________ | **Weissmüller** |
| ____________ | **Bogart** | ____________ | **Garbo** |
| ____________ | **Bergmann** | ____________ | **Fairbanks** |
| ____________ | **Tracy** | ____________ | **Jannings** |
| ____________ | **Cotten** | ____________ | **Rühmann** |
| ____________ | **Wayne** | ____________ | **Fritsch** |
| ____________ | **Davis** | ____________ | **Dietrich** |
| ____________ | **Garland** | ____________ | **Cooper** |
| ____________ | **Gabin** | ____________ | **Karloff** |
| ____________ | **Stewart** | ____________ | **Chaplin** |
| ____________ | **Flynn** | ____________ | **Gründgens** |

## 22. Übung: *Berühmte Schauspieler (1950–1975)*

Bitte die Vornamen der folgenden berühmten Schauspieler ergänzen. Die alphabetisch sortierte Liste von Vornamen ist hilfreich: *Anita, Anthony, Bing, Brigitte, Catherine, Charlton, Claudia, Clint, Danny, Doris, Fritz, Grace, Hansjörg, Heinz, Henry, Horst, Jack, James, Jean-Paul, Karl, Karlheinz, Kirk, Margaret, Mario, Marlon, Nadja, Omar, Peter, Richard, Robert, Rock, Romy, Sean, Shirley, Sophia, Tippi, Tony, Volker, Will, Yves.*

| | | | |
|---|---|---|---|
| ______________ | **Bardot** | ______________ | **Böhm** |
| ______________ | **Belmondo** | ______________ | **Schneider** |
| ______________ | **Sharif** | ______________ | **Mitchum** |
| ______________ | **Cardinale** | ______________ | **Curtis** |
| ______________ | **Connery** | ______________ | **Dean** |
| ______________ | **Erhardt** | ______________ | **Fonda** |
| ______________ | **Lemmon** | ______________ | **Rutherford** |
| ______________ | **Wepper** | ______________ | **Sellers** |
| ______________ | **Lechtenbrink** | ______________ | **Quadflieg** |
| ______________ | **Eastwood** | ______________ | **Kaye** |
| ______________ | **McLaine** | ______________ | **Hudson** |
| ______________ | **Day** | ______________ | **Crosby** |
| ______________ | **Ekberg** | ______________ | **Perkins** |
| ______________ | **Loren** | ______________ | **Burton** |
| ______________ | **Tiller** | ______________ | **Hedren** |
| ______________ | **Felmy** | ______________ | **Kelly** |
| ______________ | **Buchholz** | ______________ | **Montand** |
| ______________ | **Adorf** | ______________ | **Douglas** |
| ______________ | **Heston** | ______________ | **Malden** |
| ______________ | **Deneuve** | ______________ | **Brando** |

## 23. Übung: Berühmte Persönlichkeiten

Bitte entscheiden Sie bei den folgenden Namen, ob es sich um einen Sportler, einen Politiker oder einen Schauspieler handelt. Umkreisen Sie den Lösungsbuchstaben. Alle umkreisten Buchstaben ergeben dann das Lösungswort.

| | Name | Sportler | Politiker | Schauspieler |
|---|---|---|---|---|
| 1 | Donald Trump | M | N | O |
| 2 | Brad Pitt | M | N | O |
| 3 | Cristiano Ronaldo | V | W | X |
| 4 | Mesut Özil | E | F | G |
| 5 | Annegret Kramp-Karrenbauer | L | M | N |
| 6 | Tom Cruise | Z | A | B |
| 7 | Angelina Jolie | C | D | E |
| 8 | Tiger Woods | R | S | T |
| 9 | Theresa May | L | M | N |
| 10 | Emmanuel Macron | N | O | P |
| 11 | Johnny Depp | L | M | N |
| 12 | John Travolta | R | S | T |
| 13 | Frank-Walter Steinmeier | Z | A | B |
| 14 | Lionel Messi | G | H | J |
| 15 | Maria Scharapowa | M | N | O |
| 16 | Tom Brady | M | N | O |
| 17 | Leonardo DiCaprio | P | Q | R |
| 18 | Roger Federer | G | H | I |
| 19 | Sahra Wagenknecht | D | E | F |
| 20 | Kobe Bryant | N | O | P |

Die eingekreisten Buchstaben ergeben folgendes Lösungswort:

## 24. Übung: *Zeitgeschehen*

Bitte entscheiden Sie sich bei den folgenden Fragen für eine der vorgeschlagenen Lösungs-Alternativen. Umkreisen Sie den Lösungsbuchstaben. Alle umkreisten Buchstaben ergeben dann das Lösungswort.

| 1. Wer war „Lady Diana“? | | |
|---|---|---|
| [C] Eine bekannte Popsängerin | [B] Hauptfigur des Films „My fair Lady“ | [A] Die Frau von Prinz Charles |

| 2. Wer war das Schaf „Dolly“? | | |
|---|---|---|
| [A] Zeichentrick-Figur | [B] Das erste genetisch geklonte Schaf | [C] Erstes Tier, das in den Weltraum geschossen wurde |

| 3. Wer oder was waren die „Puhdys“? | | |
|---|---|---|
| [G] Eine DDR-Musikgruppe | [H] Eine Hunderasse, gezüchtet aus Pudeln | [J] Zeichentrickfigur (Vorname Winnie) |

| 4. Was verbinden Sie mit „Fukushima“? | | |
|---|---|---|
| [R] Atom-Reaktor-Katastrophe in Japan | [S] Gerolltes Nahrungsmittel mit Fisch in Seetang | [T] Eine koreanische Firma für High-Tech-Geräte |

| 5. Wer oder was ist „Burdsch Chalifa“ (Burj Khalifa)? | | |
|---|---|---|
| [T] Eine terroristische Gruppe | [U] Ein Hochhaus in Dubai | [V] Ein türkischer Filmschauspieler |

| 6. Die US-Raumfähre „Columbia“ ... | | |
|---|---|---|
| [N] zerbrach 2003 beim Eintritt in die Erdatmosphäre | [O] war das erste Raumschiff auf dem Flug zum Mond | [P] flog 2016 zum Mars |

| 7. Womit begann der „Golfkrieg“? | | |
|---|---|---|
| [B] Zwei Golfspieler in Pennsylvania in den USA stritten sich | [C] Ein Golfball durchschlug das Fenster des amerikanischen Präsidenten | [D] Die USA marschierten in Bagdad ein. |

Die eingekreisten Buchstaben ergeben folgendes Lösungswort:

| | | | | | | |
|---|---|---|---|---|---|---|
| 1 | 2 | 3 | 4 | 5 | 6 | 7 |

Bitte entscheiden Sie sich bei den folgenden Fragen für eine der vorgeschlagenen Lösungs-Alternativen. Umkreisen Sie den Lösungsbuchstaben. Alle umkreisten Buchstaben ergeben dann das Lösungswort.

| 1. Wer wurde 2014 Fußball-Weltmeister in Brasilien? | | |
|---|---|---|
| [A] Deutschland | [B] Neuseeland | [C] Island |

| 2. Wann musste jeder Deutsche DM gegen Euro tauschen? | | |
|---|---|---|
| [M] 1992 | [N] 2002 | [O] 2012 |

| 3. Wann war der Mauerfall in Berlin? | | |
|---|---|---|
| [R] 1969 | [S] 1979 | [T] 1989 |

| 4. Wann zog die Bundesregierung von Bonn nach Berlin? | | |
|---|---|---|
| [V] 1989 | [W] 1999 | [X] 2009 |

| 5. Wann war der Terror-Anschlag auf das World-Trade-Center in New York? | | |
|---|---|---|
| [O] 11. Sept. 2001 | [P] 11. Sept. 2008 | [Q] 11. Sept. 2014 |

| 6. Seit wann gibt es die Partei „Die Grünen“? | | |
|---|---|---|
| [Q] 1960 | [R] 1980 | [S] 2000 |

| 7. Wie alt ist die DDR geworden? | | |
|---|---|---|
| [R] 20 Jahre | [S] 30 Jahre | [T] 40 Jahre |

Die eingekreisten Buchstaben ergeben folgendes Lösungswort:

| | | | | | | |
|---|---|---|---|---|---|---|
| 1 | 2 | 3 | 4 | 5 | 6 | 7 |

### 25. Übung: *Unterhaltungsmusik*

Bitte die folgenden Komponisten, Schlagersänger oder Popgruppen dem richtigen Musikstück zuordnen:

#### Schlager bis 1950

*Commedian Harmonists, Hans Albers, Hans Moser, Heinz Rühmann, Lale Andersen, Marika Rökk, Marlene Dietrich, Orchester Eugen Wolff, Siegfried Arno, Zarah Leander:*

1. Ich wollt, ich wär' ein Huhn __________
2. In der Nacht ist der Mensch nicht gern alleine __________
3. Die Reblaus __________
4. Lili Marleen __________
5. Mein kleiner grüner Kaktus __________
6. Ich brech' die Herzen der stolzesten Fraun' __________
7. Ich bin von Kopf bis Fuß auf Liebe eingestellt __________
8. Flieger, grüß mir die Sonne __________
9. Wenn die Elisabeth nicht so schöne Beine hätt' __________
10. Davon geht die Welt nicht unter __________

#### Schlager 1950–1975

*Bill Ramsey, Connie Francis, Daliah Lavi, Drafi Deutscher, Freddy Quinn, Gus Backus, Peter Alexander, Roy Black, Vicky Leandros, Wencke Myhre:*

11. Beiß nicht gleich in jeden Apfel __________
12. Da sprach der alte Häuptling der Indianer __________
13. Die Liebe ist ein seltsames Spiel __________
14. Ganz in Weiß __________
15. Ich zähle täglich meine Sorgen __________

16. Junge, komm bald wieder ______________________
17. Marmor, Stein und Eisen bricht ______________________
18. Souvenirs, Souvenirs ______________________
19. Theo wir fahr'n nach Lodz ______________________
20. Willst Du mit mir gehen ______________________

**Popmusik-Oldies**

*Eric Burdon & The Animals, Flowerpot Men, Iron Butterfly, Jimmi Hendrix, Little Richard, Pink Floyd, Steppenwolf, The Beatles, The Doors, The Small Faces:*

21. Penny Lane ______________________
22. When The Music Is Over ______________________
23. Born To Be Wild ______________________
24. Let's Go To San Francisco ______________________
25. Good Golly Miss Molly ______________________
26. Purple Haze ______________________
27. Tin Soldier ______________________
28. Interstellar Overdrive ______________________
29. In-A-Gadda-Da-Vida ______________________
30. When I Was Young ______________________

**Neue Deutsche Welle (1980–1990)**

*Dennis und die Wilde 13, Die Fantastischen Vier, Extrabreit, Grobschnitt, Hubert Kah, Markus, Nena, Nina Hagen, Spliff, Trio*

31. 99 Luftballons ______________________
32. Tag am Meer ______________________
33. Carbonara ______________________

34. Ich will Spaß ______________

35. Hurra, Hurra, die Schule brennt ______________

36. Rosemarie ______________

37. Schweine im Weltall ______________

38. TV-Glotzer ______________

39. Schule, nein Danke! ______________

40. Da Da Da ______________

**Popmusik seit 1990**

*David Bowie, E-Rotic, Evanescence, Guns'n Roses, Marius Müller-Westernhagen, Nirvana, Placebo, Rednex, Tic Tac Toe, Tina Turner:*

41. Goldeneye ______________

42. Knockin' On Heaven's Door ______________

43. Sexy ______________

44. Bring me to life ______________

45. Little Wonder ______________

46. Max Don't Have Sex With Your Ex ______________

47. Smells Like Teen Spirit ______________

48. Cotton Eye Joe ______________

49. Verpiss' Dich ______________

50. Without you I'm nothing ______________

## 26. Übung: *Linien nachzeichnen*

Bitte das obere Bild genau ansehen. Dann die dicke, schwarze Linie auch in das untere Bild abzeichnen. Die Quadrate dienen nur als Orientierungshilfe.

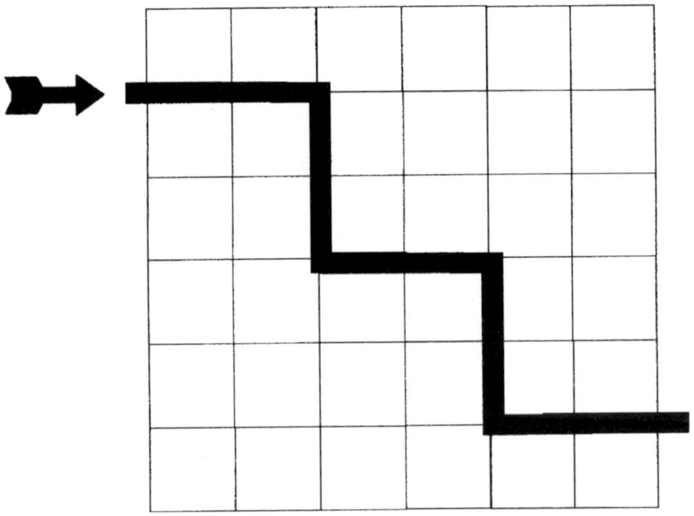

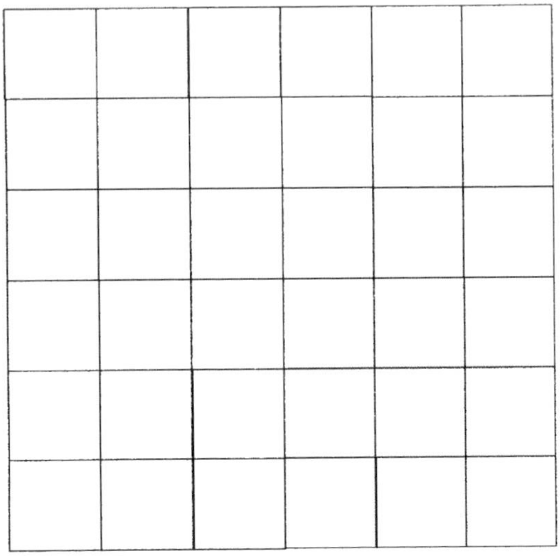

## 27. Übung: *Linien nachzeichnen*

Bitte das obere Bild genau ansehen. Dann die dicke, schwarze Linie auch in das untere Bild abzeichnen. Die Quadrate dienen nur als Orientierungshilfe.

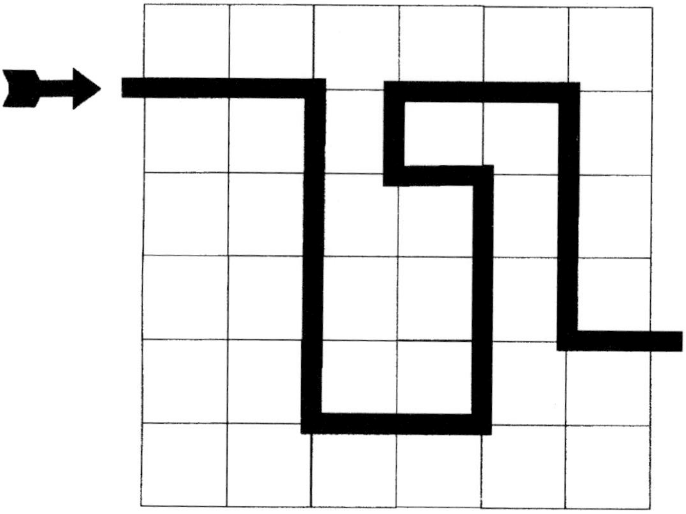

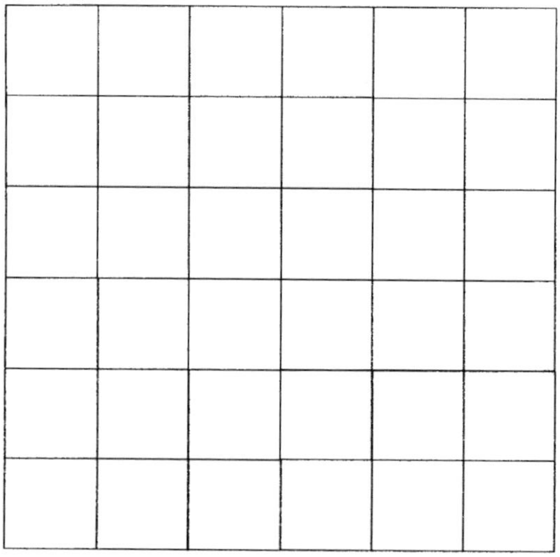

## 28. Übung: *Linien nachzeichnen*

Bitte das obere Bild genau ansehen. Dann die dicke, schwarze Linie auch in das untere Bild abzeichnen. Die Quadrate dienen nur als Orientierungshilfe.

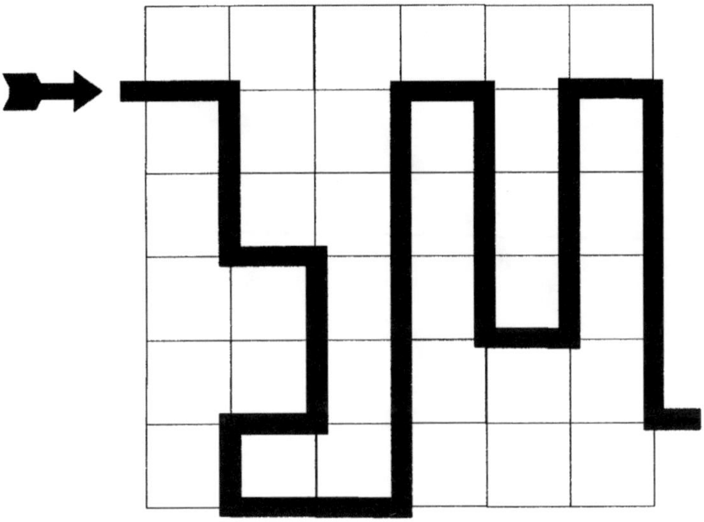

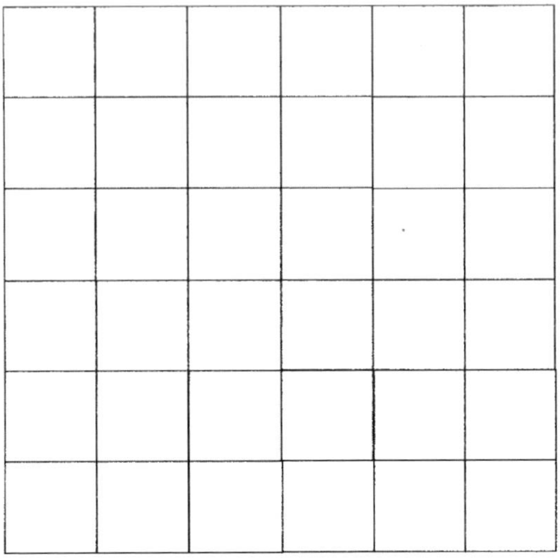

**29. Übung:** ***Linien nachzeichnen***

Bitte das obere Bild genau ansehen. Dann die dicke, schwarze Linie auch in das untere Bild abzeichnen. Die Quadrate dienen nur als Orientierungshilfe.

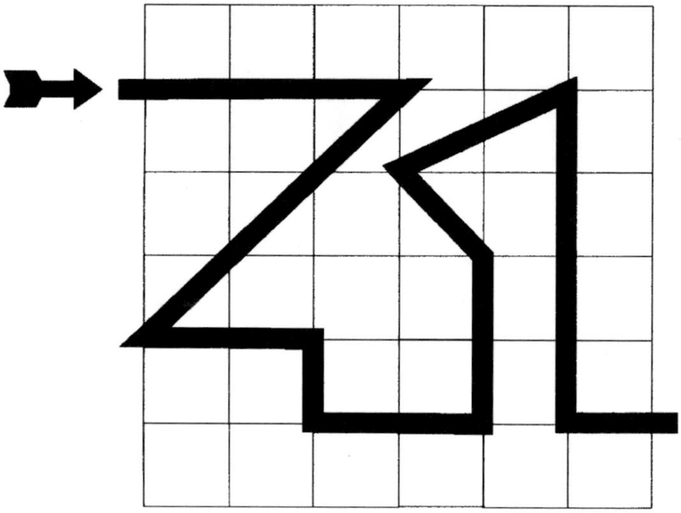

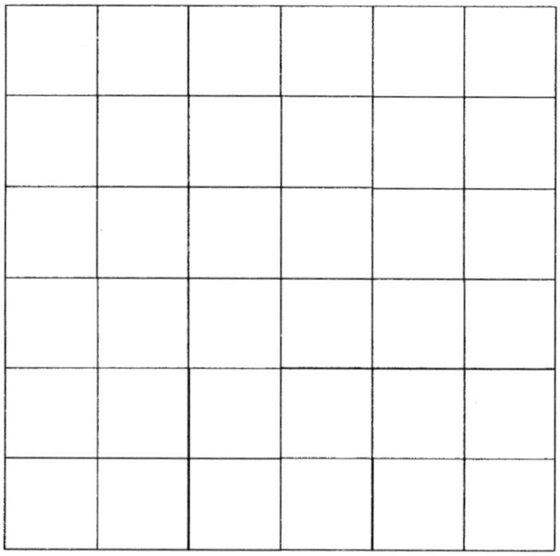

**30. Übung:** ***Linien nachzeichnen***

Bitte das obere Bild genau ansehen. Dann die dicke, schwarze Linie auch in das untere Bild abzeichnen. Die Quadrate dienen nur als Orientierungshilfe.

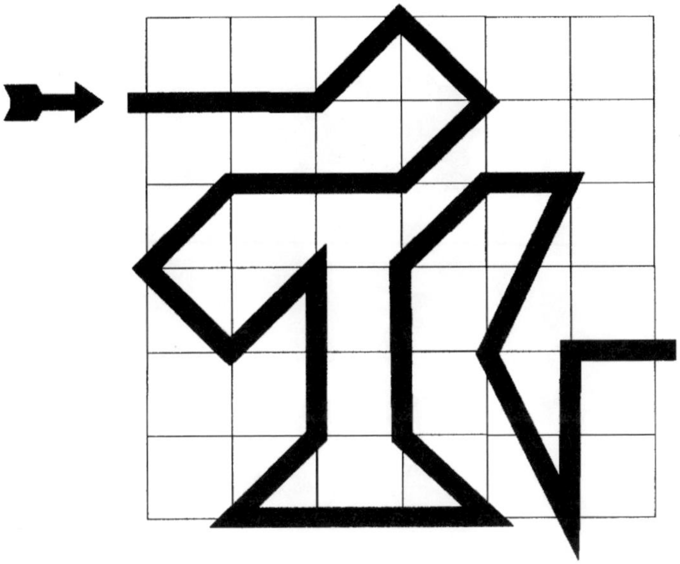

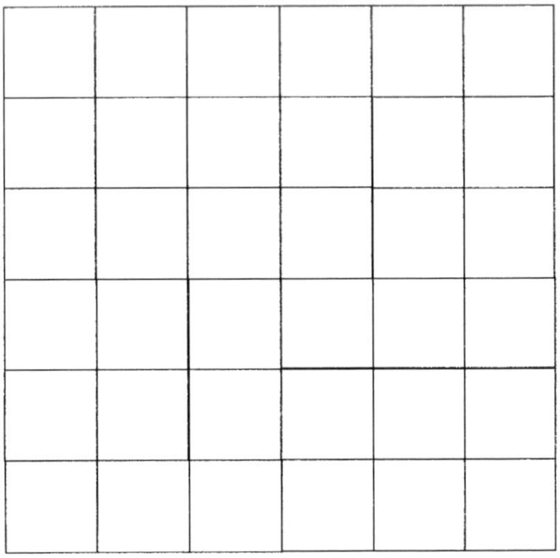

## 31. Übung: *Verborgene Tiere*

Welche Tiere verbergen sich hinter dem Schachbrettmuster?

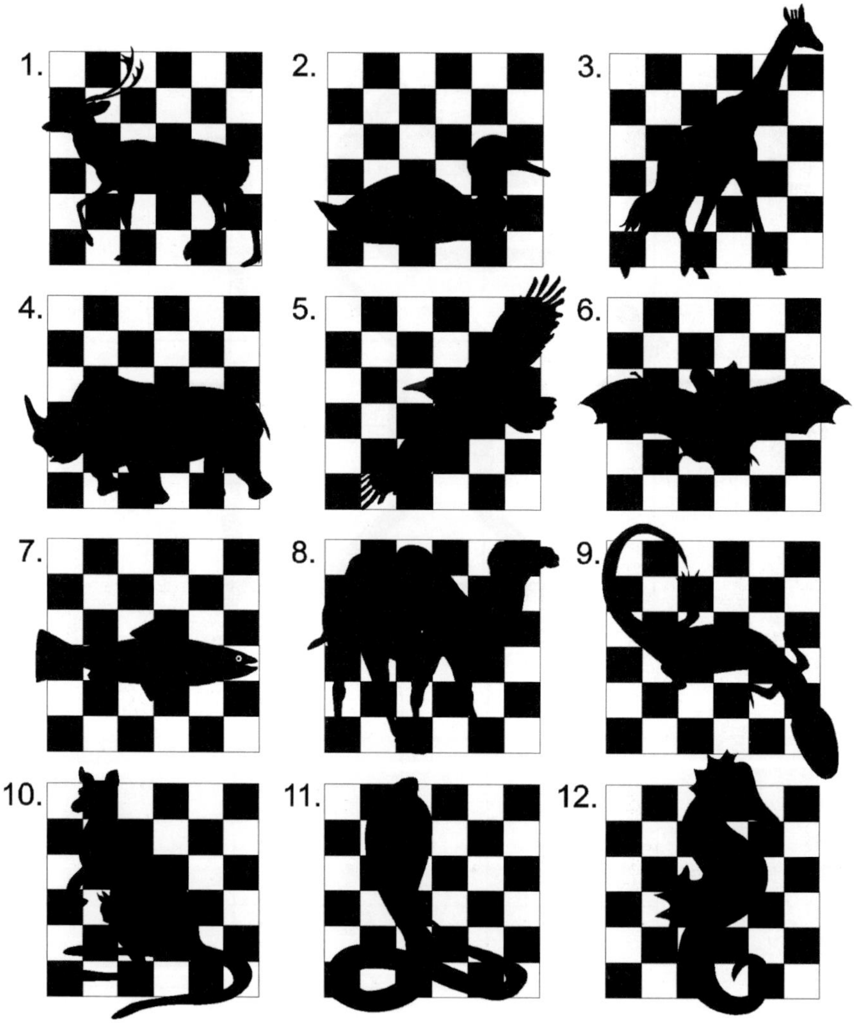

| 1. | 2. | 3. |
|---|---|---|
| 4. | 5. | 6. |
| 7. | 8. | 9. |
| 10. | 11. | 12. |

## 32. Übung: *Verborgene Gegenstände*

Welche Gegenstände verbergen sich hinter dem Schachbrettmuster?

| | | |
|---|---|---|
| 1. | 2. | 3. |
| 4. | 5. | 6. |
| 7. | 8. | 9. |
| 10. | 11. | 12. |

## 33. Übung: *Kreise zählen*

Bitte jeweils die Anzahl der Kreise zählen. Es kann hilfreich sein, wenn man jeden Kreis dabei mit einem Stift nachzeichnet.

1.

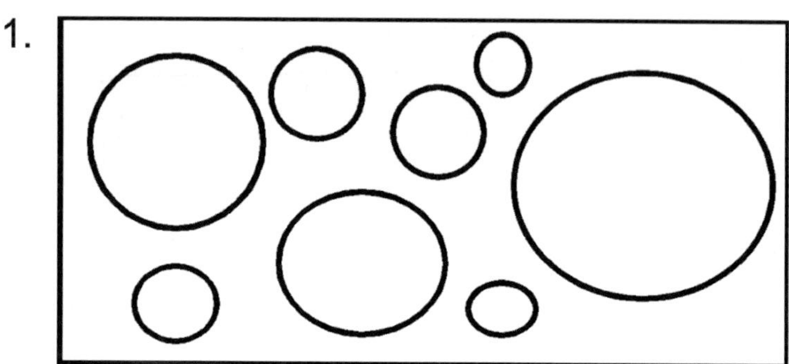

2.

3.

## 34. Übung: *Vierecke zählen*

Bitte jeweils die Anzahl der Vierecke zählen. Es kann hilfreich sein, wenn man jedes Viereck dabei mit einem Stift nachzeichnet.

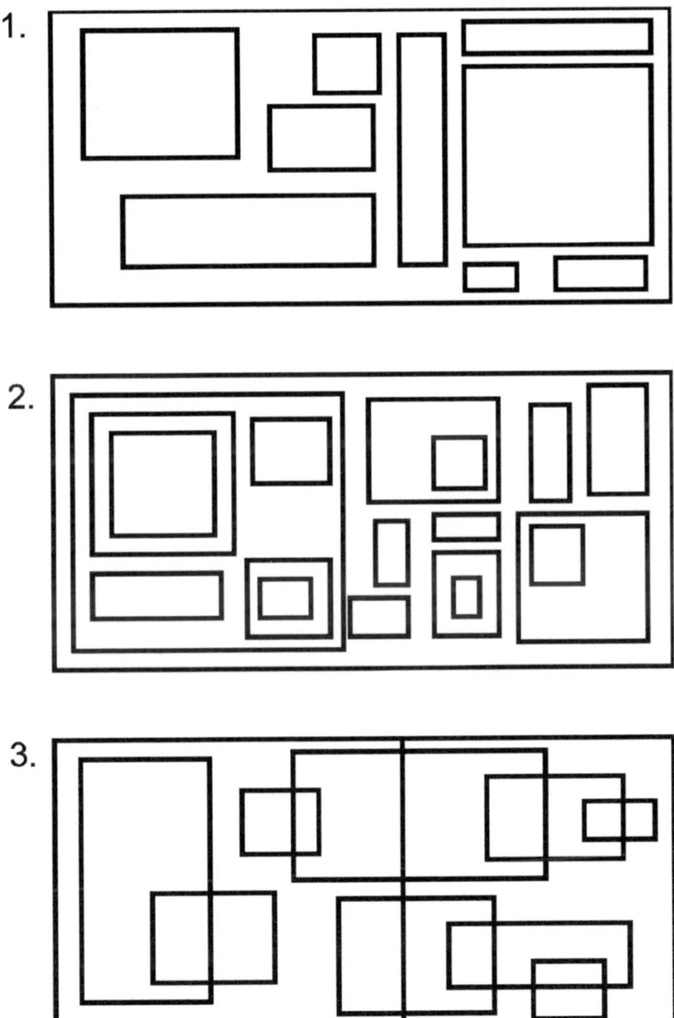

## 35. Übung: *Sterne zählen*

Bitte jeweils die Anzahl der Sterne zählen. Es kann hilfreich sein, wenn man jeden Stern dabei mit einem Stift nachzeichnet.

1.

2.

3.

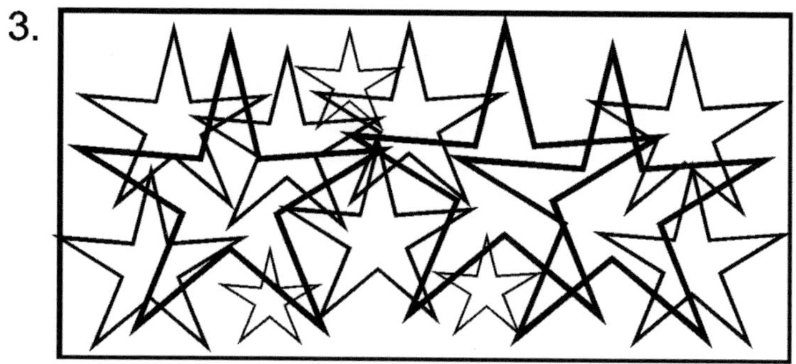

## 36. Übung: *Zeichnung vervollständigen*

Jeder Mensch ist kreativ! Bei den folgenden Aufgaben soll eine angefangene Zeichnung vervollständigt werden, so gut es geht. Aus dem folgenden Bild soll entstehen:

**ein Haus.**

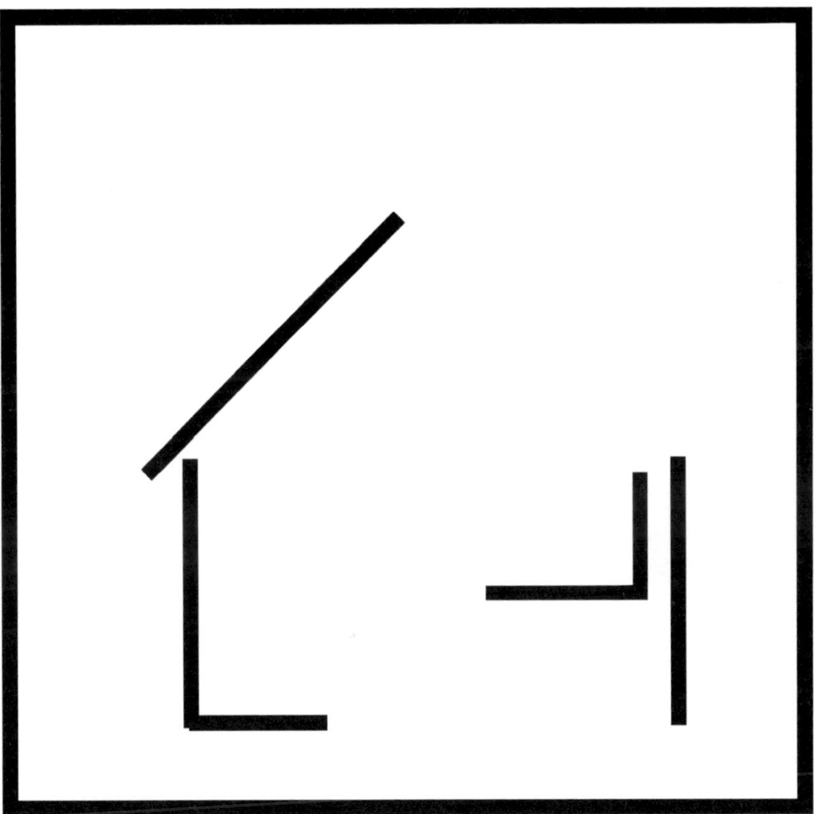

## 37. Übung: *Zeichnung vervollständigen*

Jeder Mensch ist kreativ! Bei dieser Aufgabe soll eine angefangene Zeichnung vervollständigt werden, so gut es geht. Aus dem folgenden Bild soll entstehen:

**ein Dinosaurier (Tyrannosaurus)**

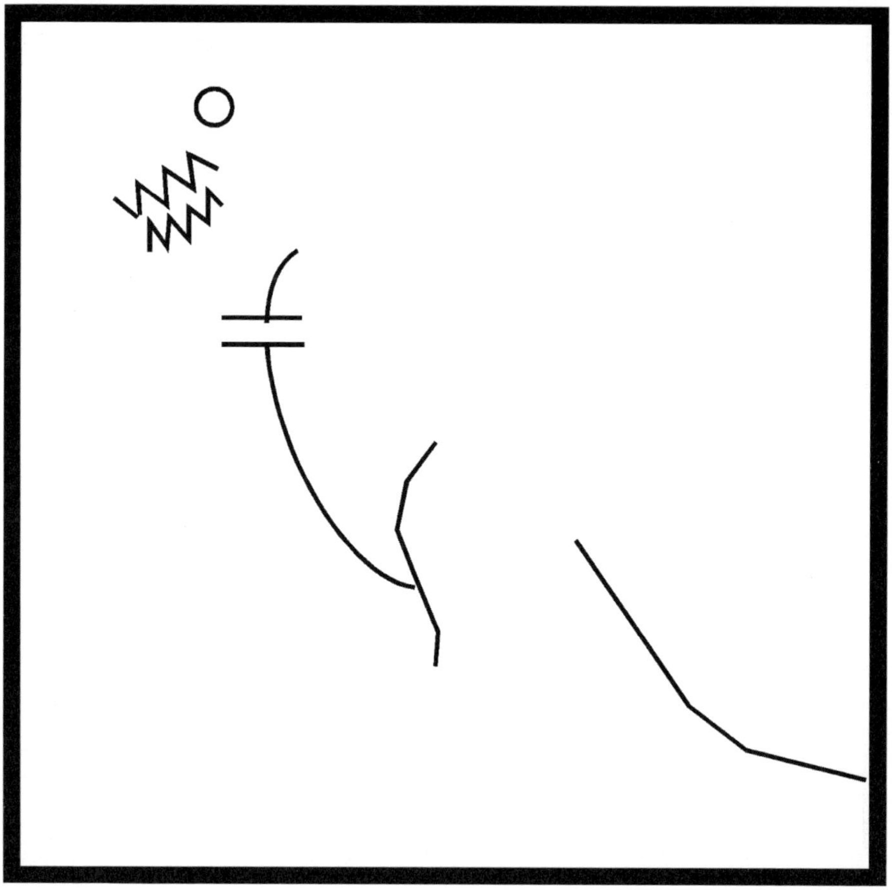

## 38. Übung: *Zeichnung vervollständigen*

Jeder Mensch ist kreativ! Bei dieser Aufgabe soll eine angefangene Zeichnung vervollständigt werden, so gut es geht. Aus dem folgenden Bild soll entstehen:

**Ein Blumenstrauß in einer Vase.**

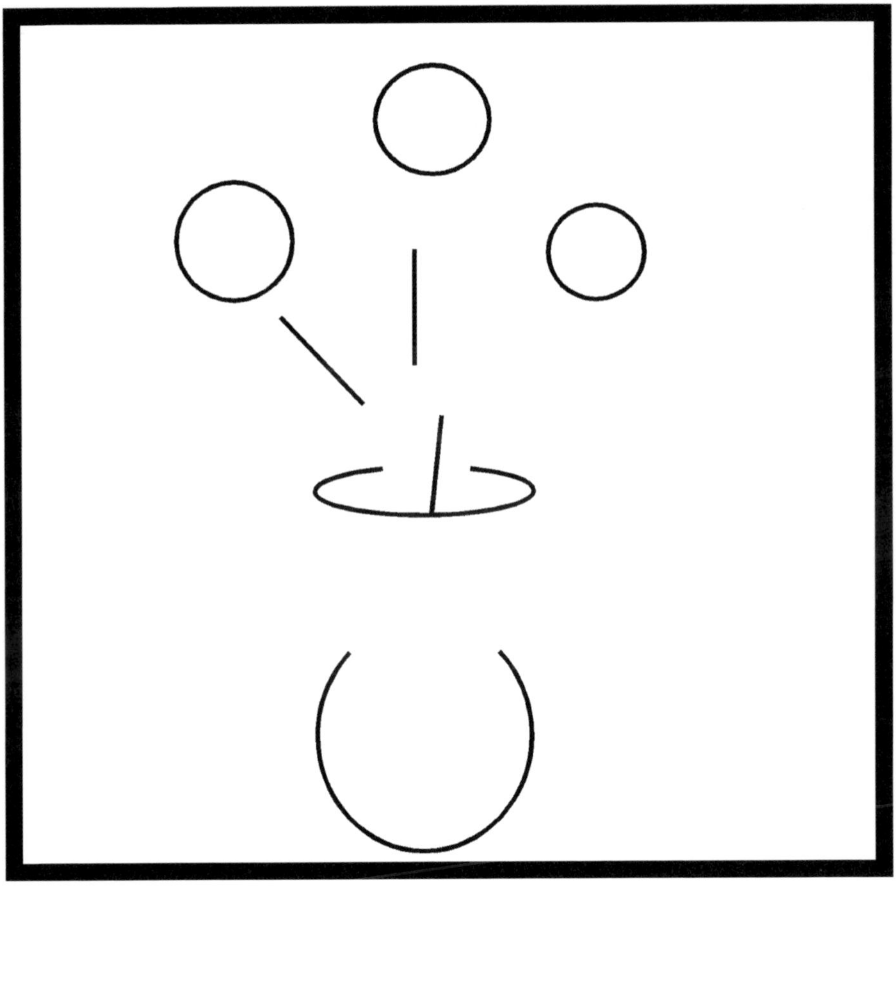

### 39. Übung: *Zeichnung vervollständigen*

Jeder Mensch ist kreativ! Bei dieser Aufgabe soll eine angefangene Zeichnung vervollständigt werden, so gut es geht. Aus dem folgenden Bild soll entstehen:

**ein Gesicht.**

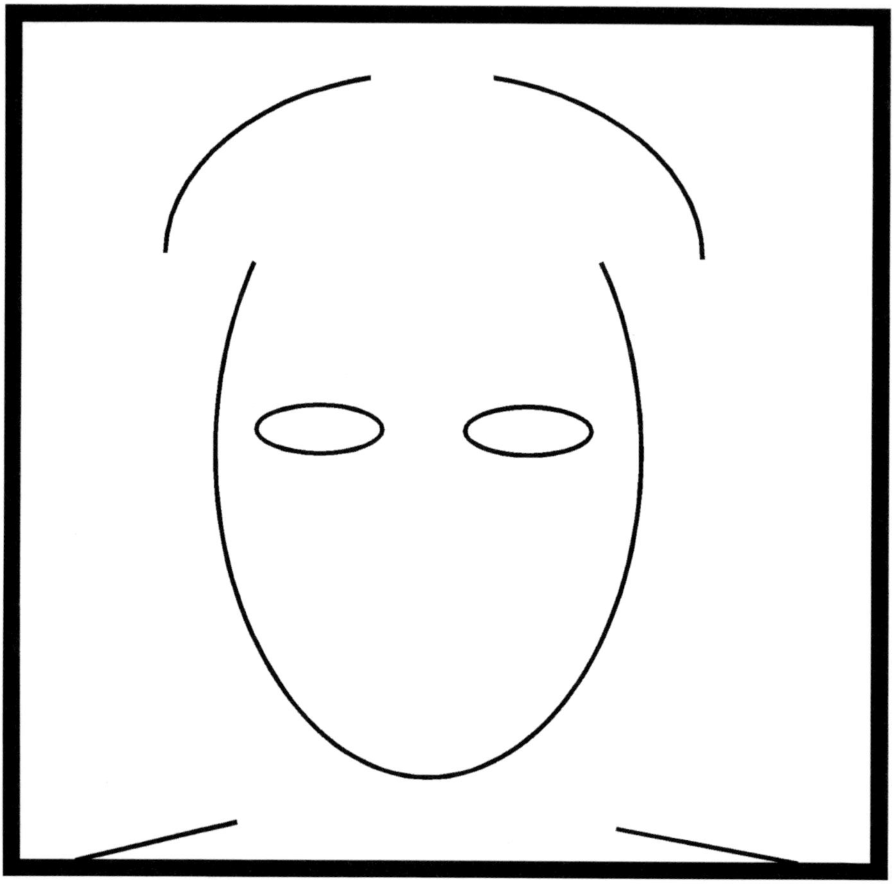

### 40. Übung: *Zeichnung vervollständigen*

Jeder Mensch ist kreativ! Bei dieser Aufgabe soll eine angefangene Zeichnung vervollständigt werden, so gut es geht. Aus dem folgenden Bild soll entstehen:

**eine Waldlandschaft.**

### 41. Übung: *Zeichnung vervollständigen*

Jeder Mensch ist kreativ! Bei dieser Aufgabe soll eine angefangene Zeichnung vervollständigt werden, so gut es geht. Aus dem folgenden Bild soll entstehen:

**etwas nach eigener Wahl.**

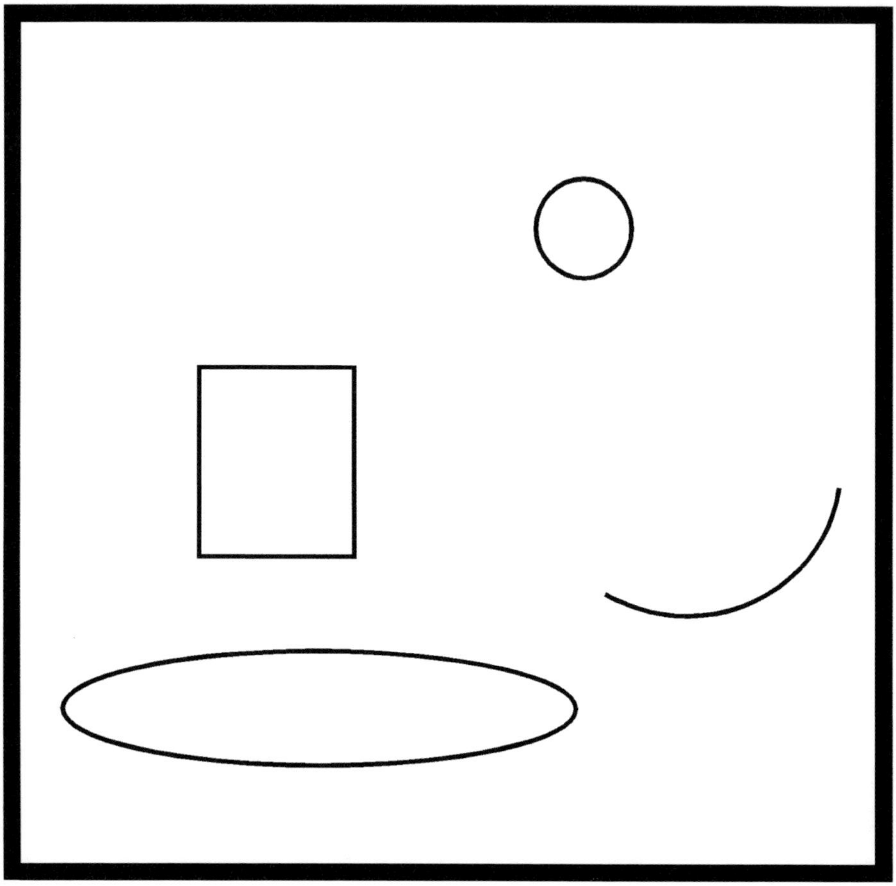

## 42. Übung: *Zeichnung vervollständigen*

Jeder Mensch ist kreativ! Bei dieser Aufgabe soll eine angefangene Zeichnung vervollständigt werden, so gut es geht. Aus dem folgenden Bild soll entstehen:

**etwas nach eigener Wahl.**

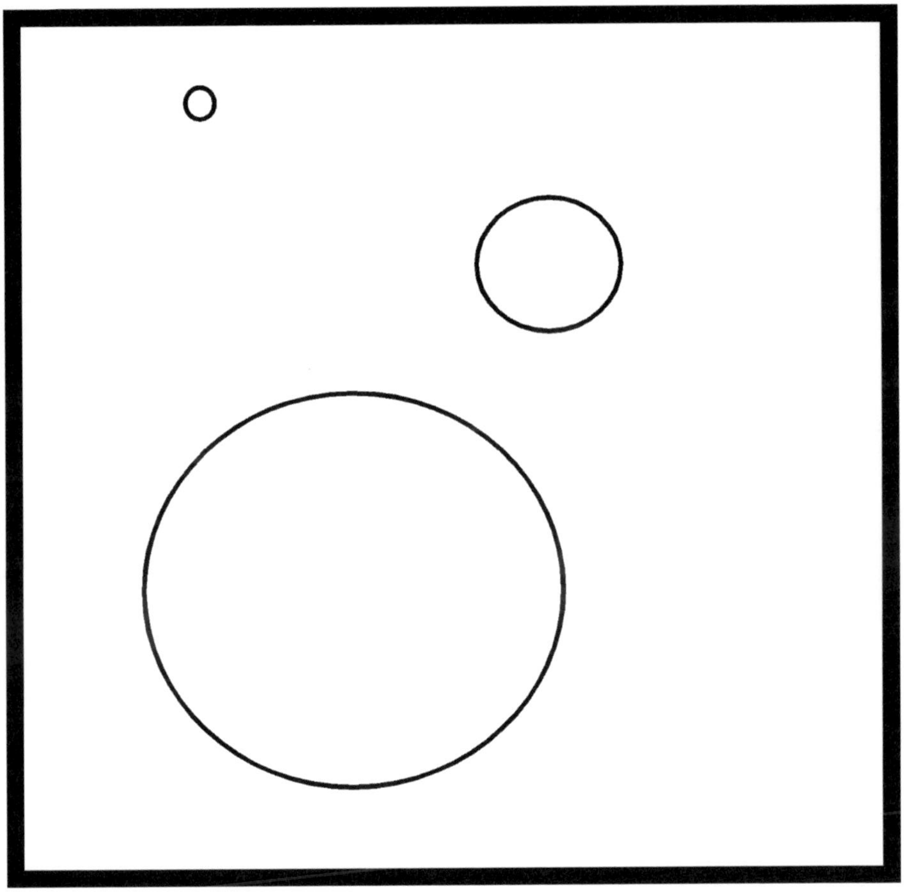

## 43. Übung: *Zeichnung vervollständigen*

Jeder Mensch ist kreativ! Bei dieser Aufgabe soll eine angefangene Zeichnung vervollständigt werden, so gut es geht. Aus dem folgenden Bild soll entstehen:

**etwas nach eigener Wahl.**

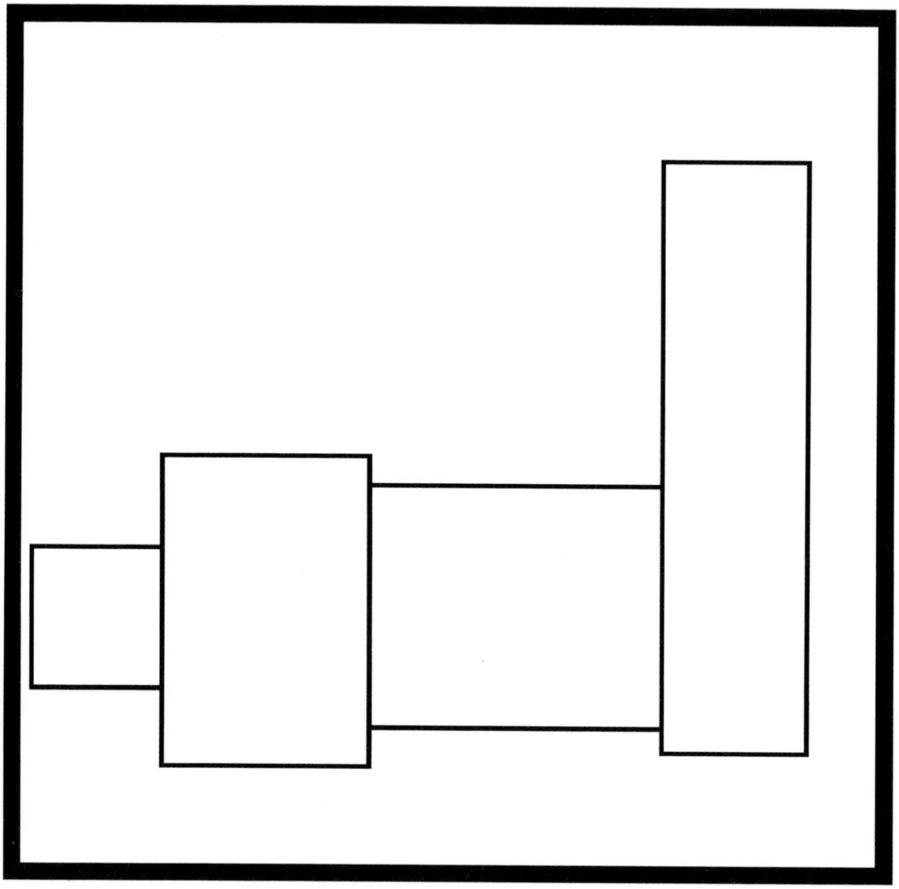

## 44. Übung: *Zeichnung vervollständigen*

Jeder Mensch ist kreativ! Bei dieser Aufgabe soll eine angefangene Zeichnung vervollständigt werden, so gut es geht. Aus dem folgenden Bild soll entstehen:

**ein Phantasiegebilde nach eigener Wahl.**

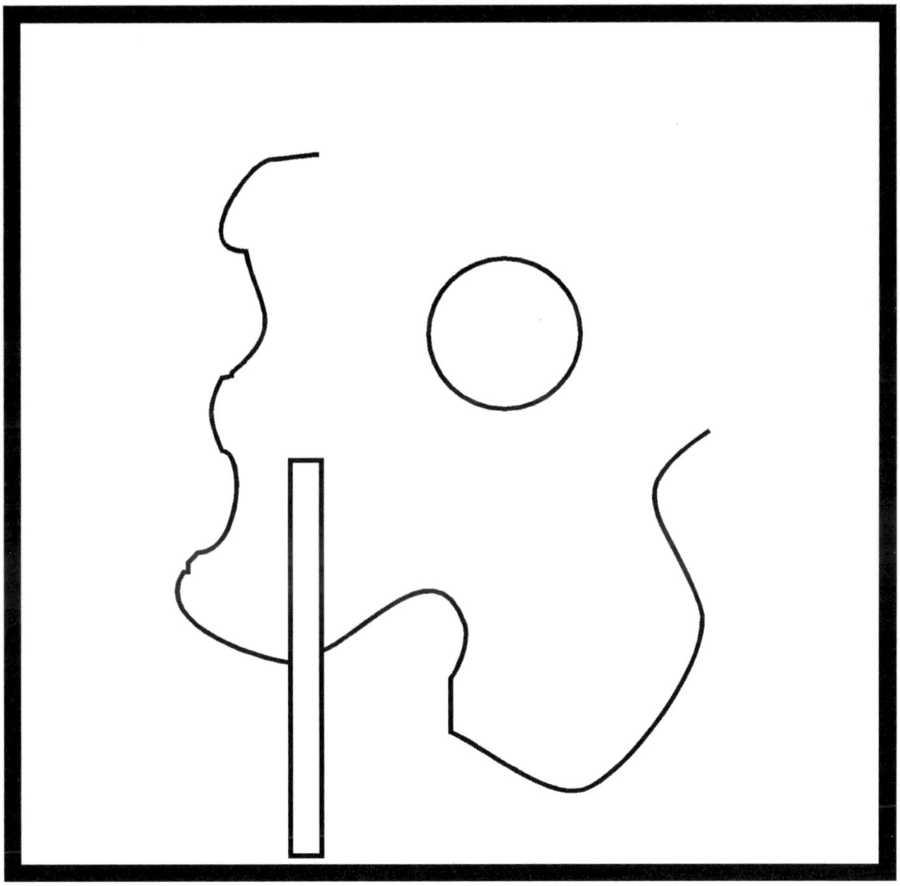

## 45. Übung: *Zeichnung vervollständigen*

Jeder Mensch ist kreativ! Bei dieser Aufgabe soll eine angefangene Zeichnung vervollständigt werden, so gut es geht. Aus dem folgenden Bild soll entstehen:

**ein Phantasiegebilde nach eigener Wahl.**

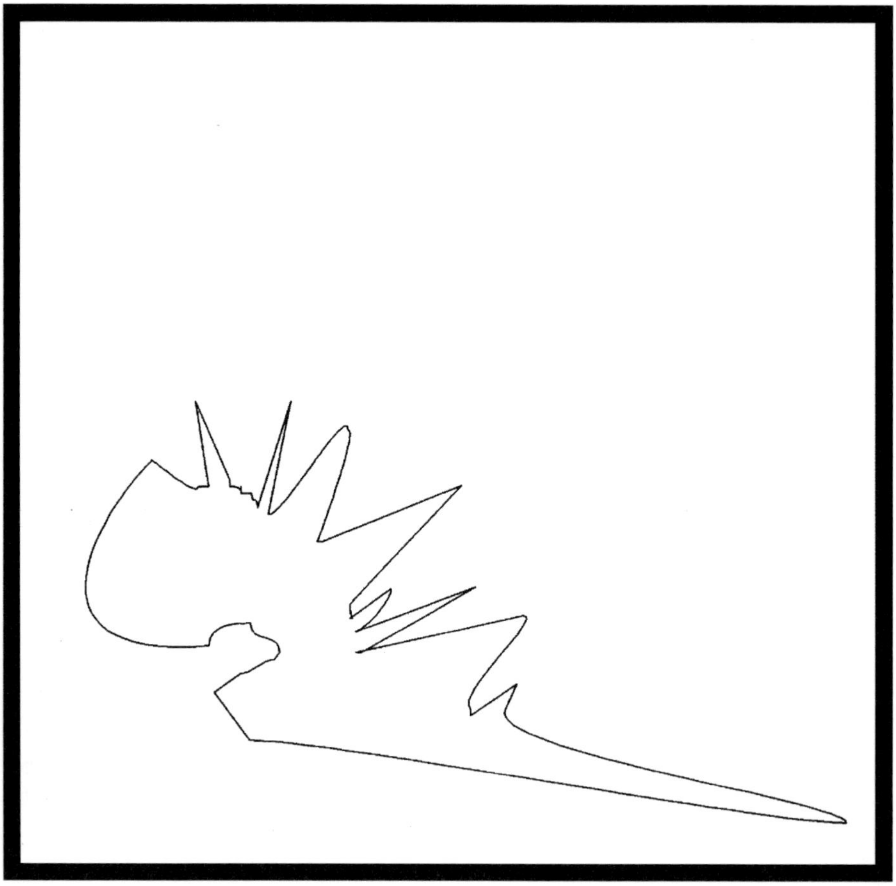

## 46. Übung: *Straßennamen lernen*

Bitte die untenstehenden Straßennamen möglichst gut einprägen!

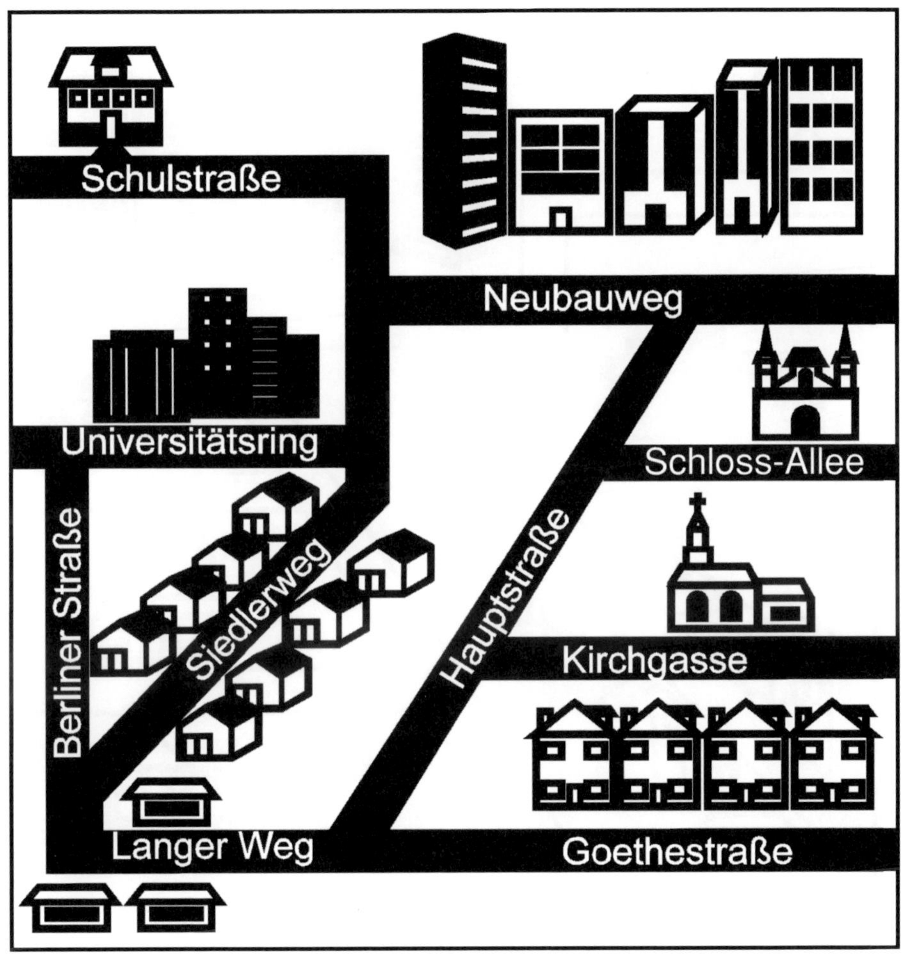


Erst umblättern, wenn alle zehn Straßen gewusst werden!

Bitte nun folgende zehn Straßennamen in die untenstehende Karte eintragen:

*Goethestraße, Kirchgasse, Neubauweg, Universitätsring, Langer Weg, Hauptstraße, Berliner Straße, Schloss-Allee, Schulstraße, Siedlerweg.*

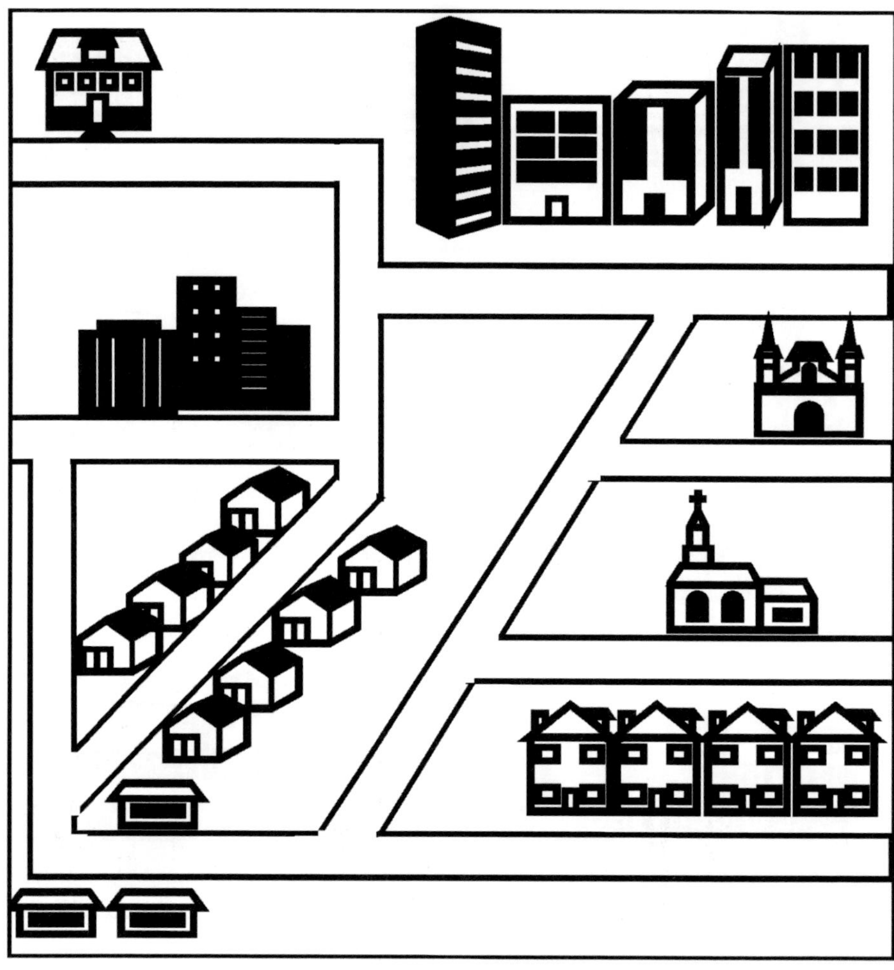

## 47. Übung: *Labyrinth*

Bitte mit einem spitzen Bleistift den Weg durch das Labyrinth zeichnen. Die Wände nicht berühren!

## 48. Übung: *Reiserouten planen*

Bitte an der untenstehenden Straßenkarte von Deutschland orientieren und folgende Reiserouten planen:

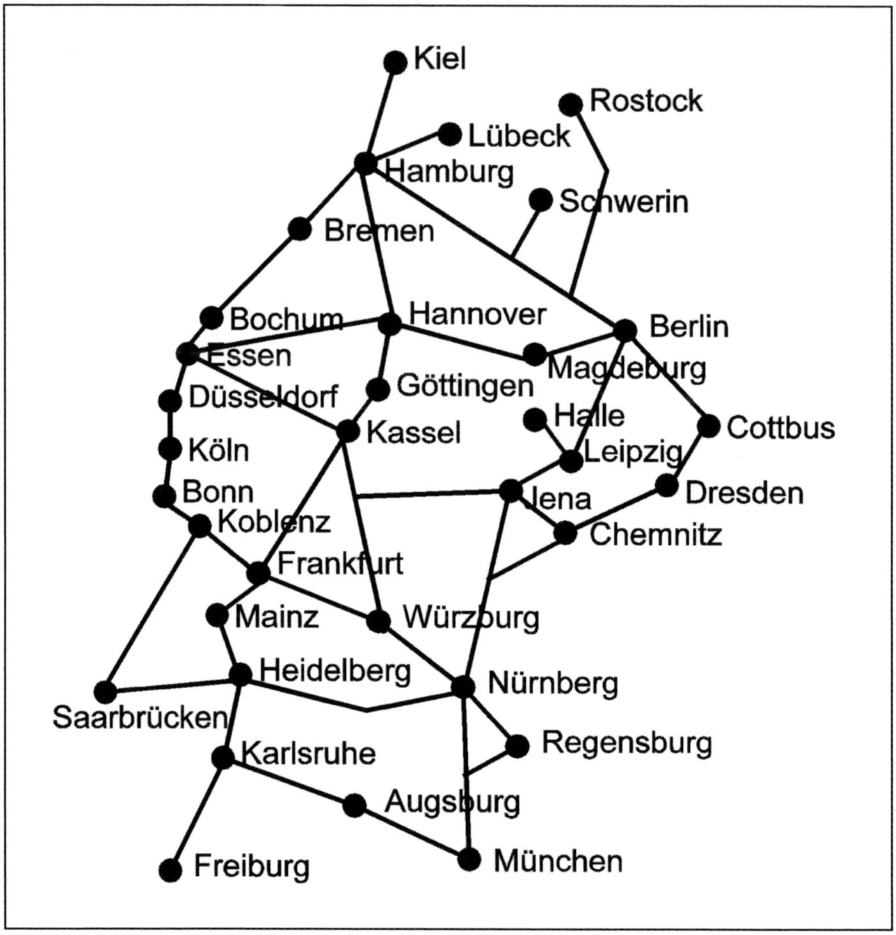

[A] An welchen Städten wird man vorbeifahren, wenn man von Kiel nach München fahren will:

Kiel → ______________________________

______________________________

______________________________

[B] An welchen Städten wird man vorbeifahren, wenn man von Düsseldorf nach Cottbus fahren will:

Düsseldorf → ______________________________

______________________________

______________________________

[C] An welchen Städten wird man vorbeifahren, wenn man von Karlsruhe nach Rostock fahren will:

Karlsruhe → ______________________________

______________________________

______________________________

[D] An welchen Städten wird man vorbeifahren, wenn man von Freiburg nach Schwerin fahren will:

Freiburg → ______________________________

______________________________

______________________________

[E] An welchen Städten wird man vorbeifahren, wenn man von Augsburg nach Bremen fahren will:

Augsburg → ______________________________

______________________________

______________________________

[F] An welchen Städten wird man vorbeifahren, wenn man von Lübeck nach Chemnitz fahren will:

Lübeck → ______________________________

______________________________

______________________________

## 49. Übung: *Länder und Hauptstädte zuordnen*

Hauptstädte:

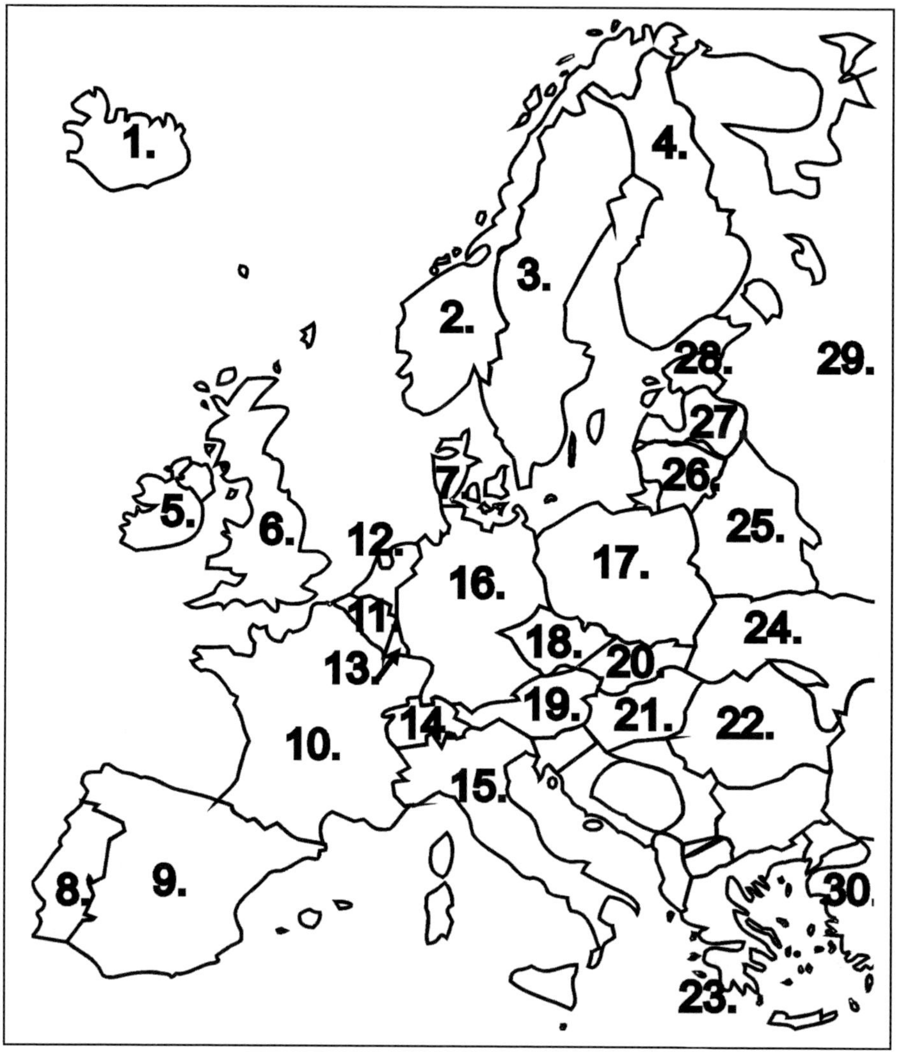

*Amsterdam, Ankara, Athen, Belfast & Dublin, Bern, Bonn/Berlin, Bratislawa, Brüssel, Budapest, Bukarest, Helsinki, Kiew, Kopenhagen, Lissabon, London, Luxemburg, Madrid, Minsk, Moskau, Oslo, Paris, Prag, Reykjavik, Riga, Rom, Stockholm, Talinn (Reval), Warschau, Wien, Wilna.*

Bitte die Nummer auf der Landkarte zu jedem Land schreiben und die richtige Hauptstadt zuordnen:

| Nr. | Land | Hauptstadt |
|---|---|---|
| | Belgien | |
| | Dänemark | |
| | Deutschland | |
| | England | |
| | Estland | |
| | Finnland | |
| | Frankreich | |
| | Griechenland | |
| | Irland | |
| | Island | |
| | Italien | |
| | Lettland | |
| | Litauen | |
| | Luxemburg | |
| | Niederlande | |
| | Norwegen | |
| | Österreich | |
| | Polen | |
| | Portugal | |
| | Rumänien | |
| | Rußland | |
| | Schweden | |
| | Schweiz | |
| | Slowakei | |
| | Spanien | |
| | Tschechien | |
| | Türkei | |
| | Ukraine | |
| | Ungarn | |
| | Weißrussland | |

## 50. Übung: *Kontinente, Meere und internationale Städte*

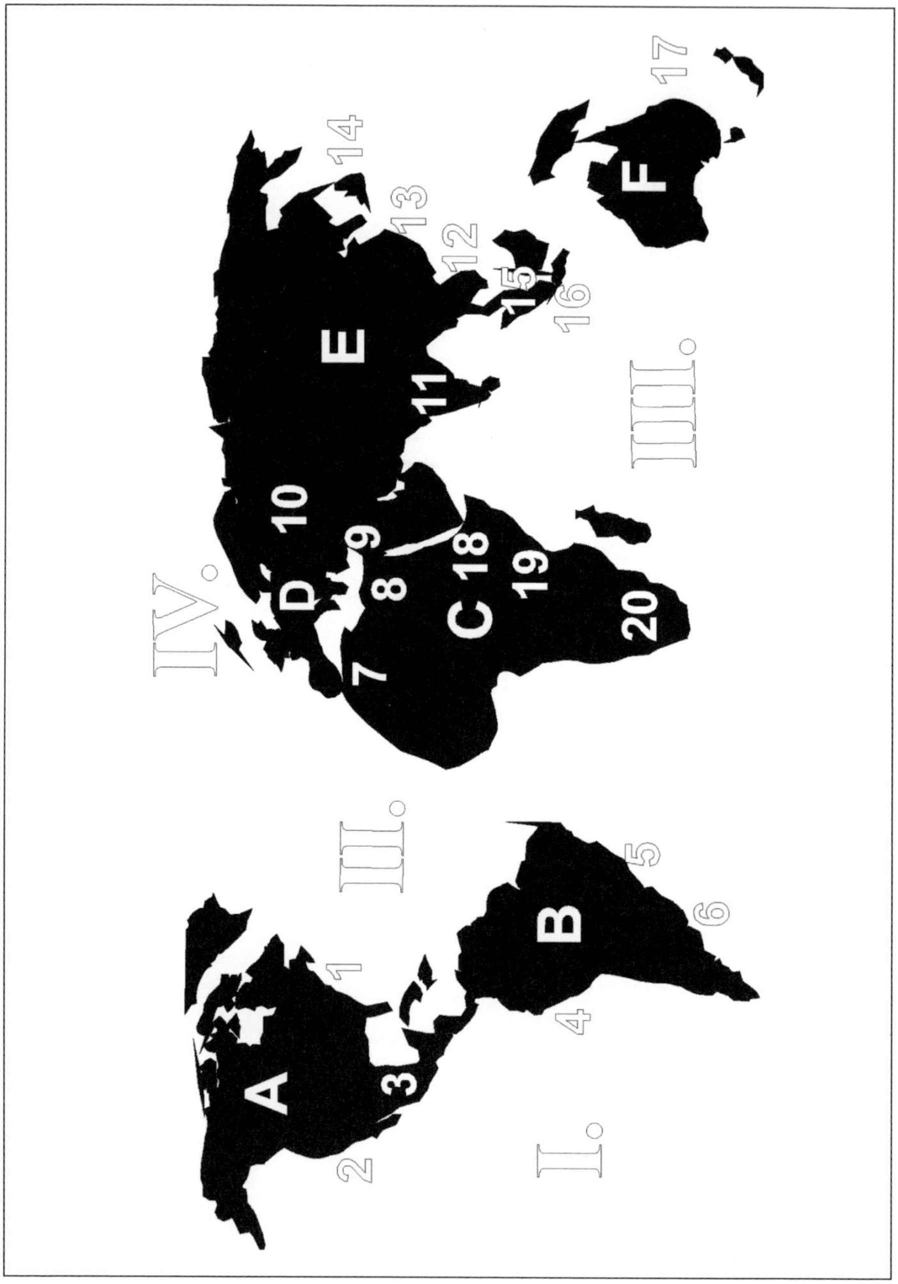

Bitte den Buchstaben A bis F die folgenden Kontinente zuordnen:

| Buchstabe | Kontinent |
|---|---|
| | Afrika |
| | Asien |
| | Australien |
| | Europa |
| | Nordamerika |
| | Südamerika |

Bitte den Zahlen 1 bis 20 folgende Städte zuordnen:

| | | | | |
|---|---|---|---|---|
| | New York | | | Neu Delhi |
| | Rio de Janeiro | | | Singapur |
| | Moskau | | | Pretoria |
| | Mexiko City | | | Hong Kong |
| | Los Angeles | | | Hanoi |
| | Lima | | | Tokio |
| | Kairo | | | Adis Abeba |
| | Jerusalem | | | Nairobi |
| | Buenos Aires | | | Jakarta |
| | Algier | | | Sydney |

Bitte den römischen Zahlen I. bis IV. die folgenden Meere zuordnen:

| Zahl | Meer |
|---|---|
| | Nordpolarmeer |
| | Atlantik |
| | Pazifik |
| | Indischer Ozean |

### 51. Übung: *Buchstaben erkennen*

Bitte aus dem folgenden Buchstabensalat nacheinander alle Buchstaben des Alphabets heraussuchen und zeigen oder durchstreichen. In der Reihenfolge:

A, B, C, D, E, F, G, H, I, J, K, L, M, N, O, P, Q, R, S, T, U, V, W, X, Y, Z
a, b, c, d, e, f, g, h, i, j, k, l, m, n, o, p, r, s, t, u, v, w, x, y, z:

**Q A Y W S X C D E R F V B G**
**T Z H N M J U I K L O P M N**
**B V C X Y A S D F G H J K L**
**P O I U Z T R E W Q M Y X N**
**C V B A L K S J D H F G Q W**
**P O E I R U T Z A B C D E F G**
**H I J K L M N O P Q R S T U V**
**W X Y Z A E I O U D F G.**
**p o i u z t r e w q a s d f g h j**
**k l m n b v c x y q a y x s w e**
**d c v f r t g b n h z u j m i k o l**
**p m y n x b c v l a k s j d h f g**
**p q o w i e u r z t a b c d e f g**
**h i j k l m n o p q r s t u v w x**
**y z a b e f u o i d s t p r**

## 52. Übung: *Silben lesen*

Jedes Wort setzt sich aus Silben zusammen. Wer Silben lesen kann, kann also auch ganze Worte lesen! Bitte folgende Silbenkombinationen laut vorlesen:

| | | | | |
|---|---|---|---|---|
| **BA** | **BE** | **BI** | **BO** | **BU** |
| **DA** | **DE** | **DI** | **DO** | **DU** |
| **FA** | **FE** | **FI** | **FO** | **FU** |
| **GA** | **GE** | **GI** | **GO** | **GU** |
| **HA** | **HE** | **HI** | **HO** | **HU** |
| **KA** | **KE** | **KI** | **KO** | **KU** |
| **LA** | **LE** | **LI** | **LO** | **LU** |
| **MA** | **ME** | **MI** | **MO** | **MU** |
| **NA** | **NE** | **NI** | **NO** | **NU** |
| **PA** | **PE** | **PI** | **PO** | **PU** |
| **RA** | **RE** | **RI** | **RO** | **RU** |
| **SA** | **SE** | **SI** | **SO** | **SU** |
| **TA** | **TE** | **TI** | **TO** | **TU** |
| **VA** | **VE** | **VI** | **VO** | **VU** |
| **WA** | **WE** | **WI** | **WO** | **WU** |
| **XA** | **XE** | **XI** | **XO** | **XU** |

**53. Übung:** ***Silben lesen***

Jedes Wort setzt sich aus Silben zusammen. Wer Silben lesen kann, kann also auch ganze Worte lesen! Bitte folgende Silbenkombinationen laut vorlesen.

| AB | EB | IB | OB | UB |
|---|---|---|---|---|
| AD | ED | ID | OD | UD |
| AF | EF | IF | OF | UF |
| AG | EG | IG | OG | UG |
| AH | EH | IH | OH | UH |
| AK | EK | IK | OK | UK |
| AL | EL | IL | OL | UL |
| AM | EM | IM | OM | UM |
| AN | EN | IN | ON | UN |
| AP | EP | IP | OP | UP |
| AR | ER | IR | OR | UR |
| AS | ES | IS | OS | US |
| AT | ET | IT | OT | UT |
| AV | EV | IV | OV | UV |
| AW | EW | IW | OW | UW |
| AX | EX | IX | OX | UX |
| AI | EI | OI | UI | |
| AU | EU | | | |

**54. Übung:** ***Kurze Wörter lesen***

Bitte folgende kurze Wörter laut vorlesen:

| | | | | |
|---|---|---|---|---|
| **All** | **Alm** | **als** | **alt** | **Amt** |
| **arg** | **Arm** | **Art** | **Akt** | **Ast** |
| **auf** | **aus** | **Bad** | **bar** | **Bär** |
| **Bau** | **bei** | **bis** | **Bob** | **Bug** |
| **Bus** | **das** | **dem** | **den** | **der** |
| **Dom** | **Don** | **Dur** | **Ehe** | **Eid** |
| **ein** | **Eis** | **elf** | **eng** | **Erz** |
| **Fee** | **fit** | **gar** | **Gör** | **gut** |
| **Hai** | **Heu** | **hin** | **her** | **Hof** |
| **Huf** | **Hut** | **ich** | **ist** | **Jod** |
| **Kap** | **Kot** | **Kuh** | **Kur** | **lau** |
| **Lob** | **Lok** | **Los** | **Lot** | **Mut** |
| **Mai** | **mit** | **Mop** | **nah** | **neu** |
| **nie** | **Nil** | **Not** | **nun** | **nur** |
| **Nut** | **oft** | **Ohr** | **Öle** | **Ort** |
| **Öse** | **Ost** | **Pol** | **pur** | **Rad** |
| **rar** | **Reh** | **Rat** | **Ren** | **Rio** |
| **rot** | **Ruf** | **Rum** | **Sau** | **See** |
| **Sog** | **Tag** | **Tat** | **Tau** | **Tee** |
| **Tod** | **Tom** | **Ton** | **Tor** | **tun** |
| **Tür** | **übe** | **Uhr** | **Uhu** | **Ulk** |
| **und** | **uns** | **von** | **vor** | **Wal** |
| **was** | **Weg** | **weh** | **wer** | **wie** |
| **wir** | **Wut** | **Zeh** | **Zoo** | **Zug** |

**55. Übung:** ***Kurze Wörter lesen***

Bitte folgende kurze Wörter laut vorlesen:

| | | | | |
|---|---|---|---|---|
| **Ader** | **Affe** | **Alge** | **alle** | **also** |
| **acht** | **Atem** | **Atom** | **auch** | **Auge** |
| **Aula** | **Auto** | **bald** | **Ball** | **Band** |
| **Bank** | **Bann** | **Bart** | **Bast** | **Baum** |
| **Beil** | **Bein** | **Bett** | **Bier** | **Bild** |
| **blau** | **Blei** | **Blut** | **Boje** | **Bord** |
| **Dame** | **Dank** | **Darm** | **dein** | **Depp** |
| **dich** | **dick** | **Dieb** | **Ding** | **doch** |
| **doof** | **Dorf** | **Dorn** | **Dose** | **drei** |
| **drin** | **dumm** | **dünn** | **dürr** | **Düse** |
| **Ebbe** | **eben** | **Eber** | **Efeu** | **egal** |
| **Eile** | **eins** | **Ekel** | **Elbe** | **Elle** |
| **Floh** | **Flug** | **Flur** | **Flut** | **Foto** |
| **frei** | **Gang** | **ganz** | **Gift** | **Gips** |
| **Glut** | **Golf** | **Grab** | **Grad** | **grün** |
| **Gurt** | **Habe** | **halb** | **Halm** | **Halt** |
| **Hand** | **Hase** | **Heft** | **Helm** | **Herz** |
| **Holz** | **Hose** | **Hund** | **Hupe** | **irre** |
| **Name** | **Nase** | **Nest** | **oben** | **Obst** |
| **Ofen** | **Pilz** | **Plan** | **Post** | **Rabe** |
| **Rand** | **Rede** | **Rind** | **rund** | **Sarg** |
| **Sekt** | **Senf** | **Sofa** | **taub** | **Teil** |
| **Test** | **Toto** | **Tube** | **Tüte** | **übel** |
| **Ufer** | **Ulme** | **Wolf** | **Zank** | **zart** |

## 56. Übung: *Welches Wort ist richtig?*

Bitte ankreuzen, welches der drei Wörter zu dem Bild passt?

| | | | | |
|---|---|---|---|---|
| 1. |  | Schere | Schaf | Schnur |
| 2. |  | Bügel | Biegung | Brille |
| 3. | | Glucke | Glocke | Globus |
| 4. |  | Bach | Buch | Bügel |
| 5. |  | Brief | Berg | Bravo |
| 6. | | Pferd | Pfote | Pfeil |
| 7. |  | Telefon | Telekom | Television |
| 8. | | Flughafen | Fluch | Flugzeug |
| 9. | | Katze | Kreuz | Kranz |
| 10. | | Hand | Hemd | Hund |
| 11. |  | Farbe | Fahne | Fackel |
| 12. | | Stopfen | hüpfen | Tropfen |
| 13. | | Katze | kitzeln | Kerze |
| 14. | | Schreiben | Scheiben | Scheine |
| 15. |  | Bonbon | Bambi | Bombe |
| 16. |  | Feder | Federhalter | Fehde |
| 17. | | Star | Stern | Stör |
| 18. | | Blitz | Batzen | Butze |
| 19. | | Dreck | Druck | Dreieck |
| 20. | | Qualle | Quadrat | Quantum |

**57. Übung:** ***Welches Wort ist richtig?***

Bitte ankreuzen, welches der drei Wörter zu dem Bild passt?

| Nr. | | | | |
|---|---|---|---|---|
| 1. |  | Ente | Ende | Endung |
| 2. |  | Kamm | Karma | Kamel |
| 3. |  | Bar | Bart | Bär |
| 4. |  | Hier | Hirsch | Husch |
| 5. |  | Giraffe | Gier | Girlande |
| 6. |  | Lawine | Löwe | Lava |
| 7. |  | Schlinge | Schlund | Schlange |
| 8. |  | Eidechse | Eidotter | Eiweiß |
| 9. |  | Frech | Frosch | Frack |
| 10. | 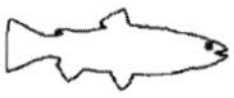 | Fisch | Fischer | Fistel |
| 11. |  | Kreis | Krebs | Krempel |
| 12. |  | Krabbe | Krach | Krake |
| 13. |  | Seeigel | Seerobbe | Seestern |
| 14. |  | Vogt | Vogesen | Vogel |
| 15. |  | Made | Maß | Maus |

## 58. Übung: *Welches Wort ist richtig?*

Bitte ankreuzen, welches der drei Wörter zu dem Bild passt?

|  |  | | | |
|---|---|---|---|---|
| 1. | | Hamster | Hammer | Hamburg |
| 2. | | Zaun | Zahn | Zange |
| 3. | | Pinscher | Pinsel | Pinie |
| 4. | | Keller | Kelle | Kalle |
| 5. | | Leder | Leber | Leiter |
| 6. | | Seele | Sage | Säge |
| 7. | | Schere | Schar | Scherz |
| 8. | | Spatz | Sparta | Spaten |
| 9. | | Besen | Bester | Besitz |
| 10. | | Müllmann | Müllauto | Mülleimer |
| 11. | | Sack | Sackgasse | Sackkarre |
| 12. | | Hand | Handsäge | Händler |
| 13. | | Bohrer | Bohrloch | Bohrturm |
| 14. | | Torf | Top | Topf |
| 15. | | Rachen | Rechnen | Rechen |

## 59. Übung: *Welches Wort ist richtig?*

Bitte ankreuzen, welches der drei Wörter zu dem Bild passt?

| Nr. | | | | |
|---|---|---|---|---|
| 1. | | Ranke | Rakete | Ratte |
| 2. | | Fernseher | Fernfahrer | Fernrohr |
| 3. | | Astronaut | Astrologe | Asthma |
| 4. | | Komma | Komik | Komet |
| 5. | | Mund | Mond | Monat |
| 6. | | Satire | Sattel | Saturn |
| 7. | | Stearin | Stern | Sterling |
| 8. | | Sonntag | Sonne | Sonja |
| 9. | | UFO | U-Boot | UEFA |
| 10. | | Spurt | Spund | Sputnik |
| 11. | | Jumbo-Jet | Junior | Jupiter |
| 12. | | Düsentrieb | Düsenjäger | Düsternis |
| 13. | | Helium | Helgoland | Helikopter |
| 14. | | Galaxis | Gasoline | Galizien |
| 15. | | Sterndeuter | Sternbild | Sternwarte |

**60. Übung:** ***Welches Wort ist richtig?***

Bitte ankreuzen, welches der drei Wörter zu dem Bild passt?

| | | | |
|---|---|---|---|
| 1. | Segelohr | Segelflug-zeug | Segelboot |
| 2. | Fahrbahn | Fahrrad | Fahrschein |
| 3. | Zapfsäule | Zäpfchen | Zapfhahn |
| 4. | Zündfunke | Zündung | Zündkerze |
| 5. | Taschen-rechner | Taschen-tuch | Taschen-geld |
| 6. | Film-produzent | Filmarchiv | Film-projektor |
| 7. | Stoppschild | Stoppuhr | Stoppelbart |
| 8. | Hand | Handschuh | Handy |
| 9. | Büro-Drehstuhl | Büro-Schreibtisch | Büro-klammer |
| 10. | Wasch-pulver | Wäsche-klammer | Wasch-maschine |
| 11. | Pansen | Panama | Panzer |
| 12. | Jeep | Jazz | Jeans |
| 13. | Eischale | Eisbär | Eiscreme |
| 14. | Fußsohle | Fußball | Fußtritt |
| 15. | Blumentopf | Blumen-binder | Blumen-strauß |

**61. Übung:** ***Sprachverständnis „Tiere“***

Bitte die folgenden Tiere benennen:

1. 2. 3.

4. 5. 6.

7. 8. 9.

10. 11. 12.

13. 14. 15.

Welche Nummer hat:

| Adler | Ente | Kamel |
|---|---|---|
| Affe | Fisch | Känguruh |
| Bär | Gemse | Löwe |
| Dinosaurier | Giraffe | Nashorn |
| Eidechse | Hirsch | Schlange |

## 62. Übung: *Sprachverständnis „Fahrzeuge“*

Bitte die folgenden Fahrzeuge benennen:

Welche Nummer hat:

| Traktor: | Bagger: | Abschleppwagen: |
|---|---|---|
| Rennwagen: | Lokomotive: | Motorrad: |
| Lieferwagen: | Müllwagen: | Lastwagen: |
| Taxi: | Kutsche: | Bus: |
| Oldtimer: | Personenwagen: | |

## 63. Übung: Sprachverständnis *„Werkzeug“* + *„Gartengeräte“*

Bitte die folgenden Werkzeuge benennen:

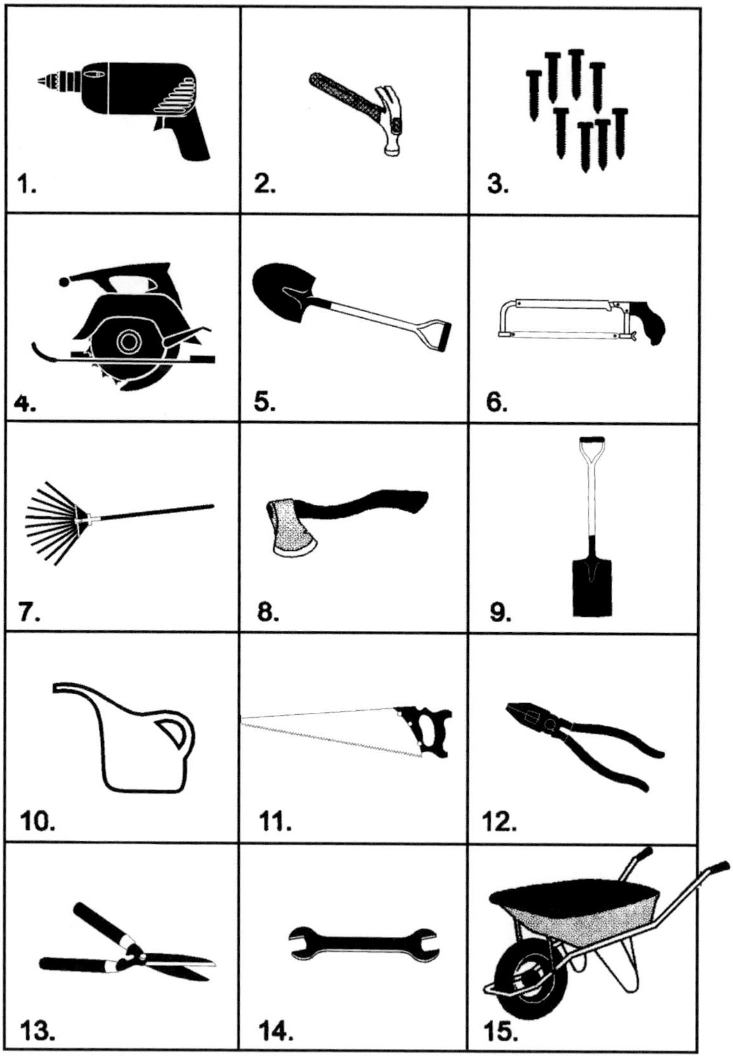

| | | |
|---|---|---|
| 1. | 2. | 3. |
| 4. | 5. | 6. |
| 7. | 8. | 9. |
| 10. | 11. | 12. |
| 13. | 14. | 15. |

Bitte die Namen folgender Werkzeuge jeweils unter das entsprechende Gerät schreiben: *Axt, Bohrmaschine, Eisensäge, Fuchsschwanz, Gartenschere, Gießkanne, Hammer, Kombizange, Kreissäge, Laubbesen, Schaufel, Schubkarre, Schrauben, Schraubenschlüssel, Spaten.*

### 64. Übung: *Sprachverständnis „Haushaltsgeräte"*

Bitte die folgenden Haushaltsgegenstände benennen:

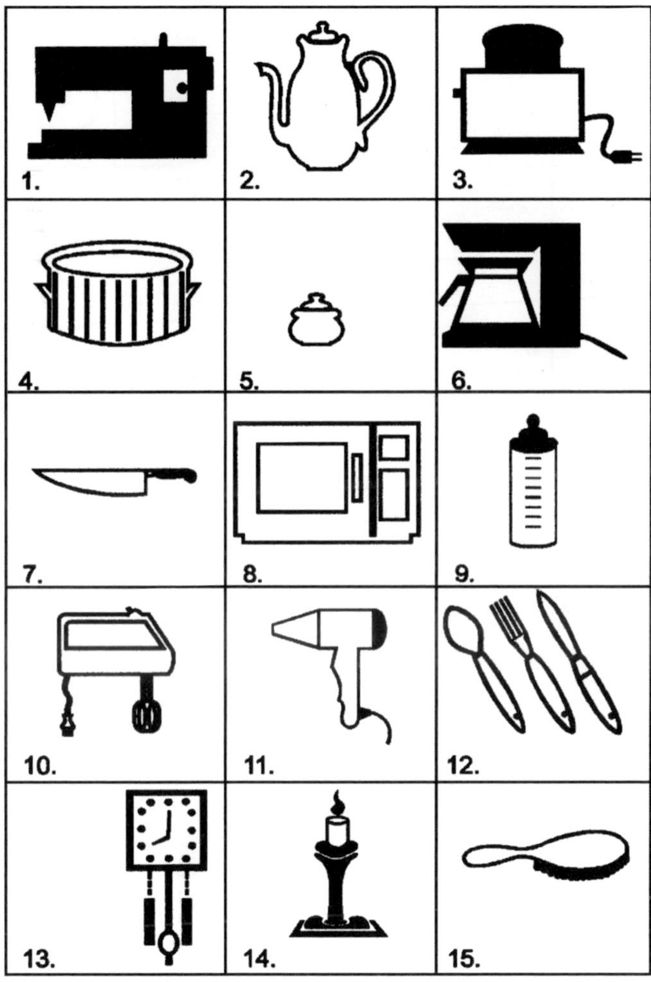


Bitte nun die Namen folgender Gegenstände jeweils unter das entsprechende Gerät schreiben: *Besteck, Fleischmesser, Haarbürste, Haarfön,, Kaffeekanne, Kaffeemaschine, Kerzenhalter, Kochtopf, Mikrowelle, Mixer, Nähmaschine, Nuckelflasche, Toaster, Wanduhr, Zuckerdose.*

## 65. Übung: *Sprachverständnis „Verhaltensweisen“*

| | | | |
|---|---|---|---|
| 1. | 2. | 3. | 4. |
| 5. | 6. | 7. | 8. |
| 9. | 10. | 11. | 12. |
| 13. | 14. | 15. | 16. |
| 17. | 18. | 19. | 20. |

Welcher Bild-Nummer entsprechen die folgenden Tätigkeiten:

| | |
|---|---|
| | schaukeln |
| | begrüßen |
| | laufen |
| | lesen |
| | Radfahren |
| | reiten |
| | winken |
| | beten |
| | tanzen |
| | zeigen |

| | |
|---|---|
| | Ski fähren |
| | mit Bauklötzen spielen |
| | im Liegestuhl liegen |
| | Spazieren gehen |
| | auf dem Bauch liegen |
| | Skateboard fahren |
| | ein Kind hochheben |
| | einen Regenschirm halten |
| | den Fußboden aufivischen |
| | Schularbeiten machen |

Zu welchem Bild könnten die folgenden Aussagen passen?

| | | |
|---|---|---|
| **A.** | *„Da oben kommt Qualm aus dem Fenster!"* | |
| **B.** | *„Das sind ja interessante Neuigkeiten in der Zeitung!"* | |
| **C.** | *„Den Fortgeschrittenen-Tanzkurs belegen wir auch noch."* | |
| **D.** | *„Der Schnee rutscht heute sehr gut."* | |
| **E.** | *„Gar nicht so leicht, dabei das Gleichgewicht zu halten."* | |
| **F.** | *„Hallo! Hier bin ich, kommt her!"* | |
| **G.** | *„Hallo. Wir haben uns ja lange nicht gesehen."* | |
| **H** | *„Hoffentlich hält der Reifen, ich habe keine Luftpumpe dabei."* | |
| **I.** | *„Ich glaube, es hat aufgehört zu regnen."* | |
| **J.** | *„Lieber Gott, mach alles wieder gut."* | |
| **K** | *„Mama, können wir zum Spielplatz gehen?"* | |
| **L.** | *„Noch über drei Stunden bis Feierabend."* | |
| **M.** | *„Nur noch drei Meilen reiten bis Kansas City."* | |
| **N.** | *„Schade, morgen ist mein Urlaub wieder vorbei."* | |
| **O.** | *„Ich könnte stundenlang nur auf der Schaukel sitzen."* | |
| **P.** | *„Verdammt, da kommt mein Zug schon, jetzt aber schnell,"* | |
| **Q.** | *„Wenn ich Mathe fertig habe, muß ich noch Englisch machen."* | |
| **R.** | *„Ach, du süßes, kleines Schnuckelchen!"* | |
| **S.** | *„Will Turm bauen."* | |
| **T.** | *„Brumm, brumm, tschui …* | |

**66. Übung:** ***Wörter differenzieren***

Bitte mit einem roten Stift alle Vornamen ankreuzen.
Bitte mit einem blauen Stift alle Tiere ankreuzen.
Bitte mit einem grünen Stift alle Gegenstände ankreuzen, die Strom benötigen.

Wie viele Wörter bleiben nun übrig, die zu keinem Bereich gehören?

- ❍ **Albert**
- ❍ **Bohrmaschine**
- ❍ **Computer**
- ❍ **Eule**
- ❍ **Frosch**
- ❍ **Gartenzaun**
- ❍ **Hans**
- ❍ **Heike**
- ❍ **Huhn**
- ❍ **Katze**
- ❍ **Krokodil**
- ❍ **Markus**
- ❍ **Monika**
- ❍ **Peter**
- ❍ **Radio**
- ❍ **Renate**
- ❍ **Robert**
- ❍ **Schaf**
- ❍ **Schwein**
- ❍ **Spinne**
- ❍ **Susi**
- ❍ **Tisch**
- ❍ **Udo**
- ❍ **Wal**
- ❍ **Werner**
- ❍ **Bär**
- ❍ **Bügeleisen**
- ❍ **Doris**
- ❍ **Fernseher**
- ❍ **Gabi**
- ❍ **Glühbirne**
- ❍ **Hausschuh**
- ❍ **Heiko**
- ❍ **Hund**
- ❍ **Klaus**
- ❍ **Kühlschrank**
- ❍ **Meike**
- ❍ **Nicole**
- ❍ **Petra**
- ❍ **Rainer**
- ❍ **Rita**
- ❍ **Ronald**
- ❍ **Schere**
- ❍ **Seestern**
- ❍ **Storch**
- ❍ **Swantje**
- ❍ **Toaster**
- ❍ **Vanessa**
- ❍ **Walter**
- ❍ **Zange**
- ❍ **Blumentopf**
- ❍ **CD-Player**
- ❍ **Emma**
- ❍ **Fisch**
- ❍ **Gans**
- ❍ **Haarfön**
- ❍ **Heidi**
- ❍ **Herd**
- ❍ **Karin**
- ❍ **Krebs**
- ❍ **Lötkolben**
- ❍ **Messer**
- ❍ **Olaf**
- ❍ **Pferd**
- ❍ **Recorder**
- ❍ **Robbe**
- ❍ **Sabine**
- ❍ **Schreibtisch**
- ❍ **Specht**
- ❍ **Stuhl**
- ❍ **Teppich**
- ❍ **Türklingel**
- ❍ **Videorecorder**
- ❍ **Waltraud**
- ❍ **Ziege**

## 67. Übung: *Texte verstehen*

Bitte den folgenden Text aufmerksam durchlesen und dann die untenstehenden fünf Fragen beantworten:

**Zwei amerikanische Professoren suchten in Indien einmal einen sehr berühmten weisen, alten Mann auf. Zu ihrem Erstaunen wohnte der Guru nicht in einem großen Palast und sie fanden ihn erst nach Stunden durch einen Zufall. Der weise Mann saß, nur mit einem Lendenschurz bekleidet, vor einer ärmlichen Hütte und bettelte die Passanten um etwas zu essen an. Die Professoren fragten ihn, warum ein weltweit so bekannter Mann denn in derartig ärmlichen Verhältnissen leben würde. Der alte Mann antwortete ihnen: *„Das Wasser der Weisheit kann sich nicht auf den Berggipfeln des Stolzes sammeln, aber es fließt in die Täler der Demut hinab.“***

1. Wer suchte den weisen alten Mann?
   (A) zwei amerikanische Pastoren
   (B) zwei amerikanische Professoren
   (C) zwei amerikanische Philosophen

2. Wo suchten sie den weisen alten Mann?
   (A) in Indien
   (B) in China
   (C) in Japan

3. Wo fanden sie den weisen alten Mann?
   (A) in einem Palast
   (B) in einem Haus
   (C) vor einer ärmlichen Hütte

4. Womit war der weise alte Mann bekleidet?
   (A) mit einem prächtigen Gewand
   (B) mit einer Toga
   (C) mit einem Lendenschurz

5. Was tat der weise alte Mann gerade?
   (A) Er bettelte die Passanten an
   (B) Er lehrte seine Schüler
   (C) Er verteilte Geld an die Armen

## 68. Übung: *Texte verstehen*

Bitte den folgenden Text aufmerksam durchlesen und dann die untenstehenden fünf Fragen beantworten:

**König Salomon hatte bekanntermaßen zahlreiche Kinder. Eines Tages beschwerte sich sein jüngster Sohn lauthals bei ihm, dass er ständig benachteiligt werde. Der Junge warf dem Vater vor, dass seine älteren Brüder immer die schnelleren Pferde, die besseren Bediensteten und die schönere Kleidung bekämen. Schließlich beschimpfte er sogar seinen Vater, dass dieser ihn wie ein Stiefkind behandeln würde. König Salomon hörte sich die Klagen des Jungen ruhig an und antwortete schließlich: *„Du denkst immer nur daran, was du nicht bekommen hast, statt an das, was dir gegeben wurde. Anstatt auf die große Schüssel zu blicken, solltest du dich an dem erfreuen, was du auf deinem eigenen Teller hast."***

1. Bei welchem König spielt die Geschichte?
   (A) König Arthur und die Ritter seiner Tafelrunde
   (B) König Salomon
   (C) König Franz-Josef I. von Bayern

2. Wer kam, um sich bei dem König zu beschweren?
   (A) sein ältester Sohn
   (B) sein zweitältester Sohn
   (C) sein jüngster Sohn

3. Worüber beschwerte sich der Sohn?
   (A) seine Brüder hätten schönere Frauen und fleißigere Sklavinnen
   (B) seine Brüder hätten mehr Gold, Schmuck und Juwelen
   (C) seine Brüder hätten schnellere Pferde und bessere Bedienstete

4. Wie verhielt sich der König?
   (A) Er hörte sich die Klagen ruhig an und antwortete dann.
   (B) Er tadelte seinen Sohn und schickte ihn weg
   (C) Er schenkte dem Sohn etwas, damit er zufrieden sei

5. Was bedeutet der Spruch des Königs?
   (A) Man soll sich an dem erfreuen was man hat, statt neidisch zu sein.
   (B) Man muss sich immerfort anstrengen, um mehr als andere zu haben.
   (C) Jüngere Kinder bekommen nun einmal immer weniger als ältere.

## 69. Übung: *Texte verstehen*

Bitte den folgenden Text aufmerksam durchlesen und dann die untenstehenden fünf Fragen beantworten:

**Ein neuer buddhistischer Schüler in einem chinesischen Kloster vertiefte sich täglich stundenlang in der Meditation und suchte dann ständig nach Zeichen der Erleuchtung bei sich selbst. Er war jedoch enttäuscht, weil er auch nach Wochen der Versenkung noch immer keine Weisheit finden konnte und den Eindruck hatte, in seinen Übungen keinen Fortschritt zu machen. Schließlich, am Abend eines Spätsommertages, ging er tieftraurig zu seinem Lehrmeister und schilderte ihm sein Unglück. Der Meister dachte einen Augenblick lang nach und sagte dann: *„Wenn du einen Samen in die Erde pflanzt und ihn jeden Tag ausgräbst, um nachzusehen, ob er schon angewachsen ist, was wird dann geschehen?“***

1. Wo lebte der buddhistische Schüler?
   (A) in einem indischen Tempel
   (B) in einem chinesischen Kloster
   (C) in einem japanischen Palast

2. Was tat der buddhistische Schüler jeden Tag?
   (A) er vertiefte sich in die Meditation
   (B) er übte Fremdsprachen
   (C) er trainierte das Bogenschießen

3. Wann ging der buddhistische Schüler zu seinem Lehrer?
   (A) in den frühen Morgenstunden
   (B) am Nachmittag eines sonnigen Frühlingstages
   (C) am Abend eines Spätsommertages

4. Welche Stimmung hatte der Schüler als er zu seinem Lehrer ging?
   (A) er war fröhlich
   (B) er war ernst
   (C) er war tieftraurig

5. Was meint der Lehrer mit seiner Antwort?
   (A) Der Schüler sollte sich beim Üben mehr anstrengen
   (B) Der Schüler sollte besser im Garten arbeiten als immer nur zu meditieren
   (C) Wer etwas lernen will, der braucht auch Geduld

## 70. Übung: *Texte verstehen*

Bitte den folgenden Text aufmerksam durchlesen und dann die untenstehenden vier Fragen beantworten:

**Ein schwerreicher Europäer machte während einer Geschäftsreise einmal einen Abstecher in ein japanisches Zen-Kloster und erhielt sogar eine Audienz bei dem berühmten Lehrmeister des Klosters. Der Klostervorsteher befand sich aber in tiefer Versenkung und ließ den reichen Manager warten. Dieser wurde schließlich ungeduldig, räusperte sich mehrmals vernehmlich und wies schließlich darauf hin, dass er nur wenig Zeit habe und bald wieder weiterreisen müsse. Der Lehrmeister beendete daraufhin seine Meditation, blickte ihm in die Augen und sagte: *„Man kann Gott mit einem Kind vergleichen, das sich danach sehnt, von uns beachtet zu werden. Der Herrscher des Universums, vor dem alle Sonnen erzittern, er läuft dem Menschen nach und bettelt um seine Liebe. Der Mensch aber antwortet: Ich habe jetzt zuviel zu tun, ich muss arbeiten. Ich habe keine Zeit. Und Gott sagt: Dann will ich warten."***

1. Wer besuchte das japanische Zen-Kloster?
   (A) ein amerikanischer Wissenschaftler
   (B) ein schwerreicher Europäer
   (C) ein chinesischer Priester

2. Was machte der berühmte Lehrmeister des Klosters gerade?
   (A) Er war beim Mittagessen
   (B) Er war dabei seine Schüler zu unterrichten
   (C) Er befand sich in tiefer Versenkung

3. Was sagte der reiche Europäer zu dem Lehrmeister?
   (A) Er sagte nichts, sondern räusperte sich nur
   (B) Er habe nur wenig Zeit und müsse bald weiterreisen
   (C) Es sei eine sehr lehrreiche Unterhaltung gewesen

4. Was sagte der Lehrmeister über Gott?
   (A) Gott ist der Beherrscher der Menschen
   (B) Man muss Gott gegenüber Demut zeigen
   (C) Gott ist wie ein Kind, das sich nach Beachtung sehnt

## 71. Übung: *Wahre und gelogene Sätze*

Bitte bei den folgenden Sätzen entscheiden, ob diese wahr oder gelogen sind. Die Lösung (O wahr/ O Lüge!) ankreuzen!

| | | | |
|---|---|---|---|
| 1. | **Die meisten Autos werden völlig aus Stoff hergestellt.** | ◯ wahr | ◯ Lüge! |
| 2. | **Der Bauer fütterte die Schweine.** | ◯ wahr | ◯ Lüge! |
| 3. | **Die Sekretärin öffnet die Briefe mit dem Handfeger.** | ◯ wahr | ◯ Lüge! |
| 4. | **Nilpferde sind dicker als Schlangen.** | ◯ wahr | ◯ Lüge! |
| 5. | **Eine Schlange ist dünner als ein Nilpferd.** | ◯ wahr | ◯ Lüge! |
| 6. | **Eine Stunde ist länger als ein Tag.** | ◯ wahr | ◯ Lüge! |
| 7. | **Eisbären leben in der Sahara.** | ◯ wahr | ◯ Lüge! |
| 8. | **Fische leben unter Wasser.** | ◯ wahr | ◯ Lüge! |
| 9. | **Hühner legen Eier.** | ◯ wahr | ◯ Lüge! |
| 10. | **Kaninchen haben einen Panzer.** | ◯ wahr | ◯ Lüge! |
| 11. | **Kühe fressen Schokolade.** | ◯ wahr | ◯ Lüge! |
| 12. | **Pferde haben Hörner.** | ◯ wahr | ◯ Lüge! |
| 13. | **Schmutzige Wäsche kommt in die Mischmaschine.** | ◯ wahr | ◯ Lüge! |
| 14. | **Schneewittchen und die sieben Zwerge.** | ◯ wahr | ◯ Lüge! |
| 15. | **Wenn ein Zug kommt, schließen sich die Schranken.** | ◯ wahr | ◯ Lüge! |
| 16. | **Bei roter Ampel soll man weiterfahren.** | ◯ wahr | ◯ Lüge! |
| 17. | **Büffel haben Hörner.** | ◯ wahr | ◯ Lüge! |
| 18. | **Christiane ist ein Frauenname.** | ◯ wahr | ◯ Lüge! |
| 19. | **Das Enkelkind ist viel älter als die Großmutter.** | ◯ wahr | ◯ Lüge! |
| 20. | **Das Futter fraß die Schweine.** | ◯ wahr | ◯ Lüge! |
| 21. | **Der Arzt bat den Patienten, sich auszuziehen.** | ◯ wahr | ◯ Lüge! |
| 22. | **Der Mond umkreist die Erde.** | ◯ wahr | ◯ Lüge! |

| | | | |
|---|---|---|---|
| 23. | Der Patient bat den Arzt, sich auszuziehen. | ◯ wahr | ◯ Lüge! |
| 24. | Der Polizist verhaftet den Dieb. | ◯ wahr | ◯ Lüge! |
| 25. | Der Teppich wird mit dem Staubsauger gereinigt. | ◯ wahr | ◯ Lüge! |
| 26. | Der Zimmermann haute mit dem Nagel auf den Hammer. | ◯ wahr | ◯ Lüge! |
| 27. | Die Kuh stand auf dem Dach. | ◯ wahr | ◯ Lüge! |
| 28. | Die Maus jagte die Katze weg. | ◯ wahr | ◯ Lüge! |
| 29. | Die meisten Menschen freuen sich über das Werbefernsehen. | ◯ wahr | ◯ Lüge! |
| 30. | Die meisten Schuhe bestehen aus Leder. | ◯ wahr | ◯ Lüge! |
| 31. | Die Mutter schälte die Kartoffeln mit der Bohrmaschine. | ◯ wahr | ◯ Lüge! |
| 32. | Die Putzfrau reinigt die Wohnung mit dem Besen. | ◯ wahr | ◯ Lüge! |
| 33. | Die Schneiderin näht das Kleid mit der Mischmaschine. | ◯ wahr | ◯ Lüge! |
| 34. | Die Schüler gaben dem Lehrer Hausaufgaben auf. | ◯ wahr | ◯ Lüge! |
| 35. | Die Schweine wurden von dem Bauern gefüttert. | ◯ wahr | ◯ Lüge! |
| 36. | Die Sekretärin öffnet die Briefe mit dem Brieföffner. | ◯ wahr | ◯ Lüge! |
| 37. | Die Sonne kreist um die Erde. | ◯ wahr | ◯ Lüge! |
| 38. | Die Straße fährt über das Auto. | ◯ wahr | ◯ Lüge! |
| 39. | Die Straßenbahn fährt auf Schienen. | ◯ wahr | ◯ Lüge! |
| 40. | Die Tür öffnete den Mann. | ◯ wahr | ◯ Lüge! |
| 41. | Die Weide stand auf der Kuh. | ◯ wahr | ◯ Lüge! |
| 42. | Ein Adler kann fliegen. | ◯ wahr | ◯ Lüge! |
| 43. | Ein Faden ist dicker als ein Tau. | ◯ wahr | ◯ Lüge! |
| 44. | Ein Buch hat mehr Seiten als ein Heft. | ◯ wahr | ◯ Lüge! |
| 45. | Ein Dutzend sind zwölf Stück. | ◯ wahr | ◯ Lüge! |

46. Ein Kilo Federn ist ebenso schwer wie ein Kilo Blei. ◯ wahr ◯ Lüge!
47. Ein Kirschbaum ist größer als ein Gänseblümchen. ◯ wahr ◯ Lüge!
48. Ein Kontrabass ist größer als eine Geige. ◯ wahr ◯ Lüge!
49. Ein Krokodil kann nicht rechnen. ◯ wahr ◯ Lüge!
50. Ein Lautsprecher ist eine Person, die laut spricht. ◯ wahr ◯ Lüge!
51. Löffel sind kleiner als Schaufeln. ◯ wahr ◯ Lüge!
52. Ein Luftballon ist leichter als ein Schmiedehammer. ◯ wahr ◯ Lüge!
53. Ein Monat ist kürzer als eine Minute. ◯ wahr ◯ Lüge!
54. Nashörner sind dicker als Rehe. ◯ wahr ◯ Lüge!
55. Ein Ozeandampfer ist kleiner als ein Ruderboot. ◯ wahr ◯ Lüge!
56. Rehe sind dicker als Nashörner. ◯ wahr ◯ Lüge!
57. Ein Ruderboot ist kleiner als ein Ozeandampfer. ◯ wahr ◯ Lüge!
58. Ein Tag ist länger als 1 Stunde. ◯ wahr ◯ Lüge!
59. Zwerge sind größer als Riesen. ◯ wahr ◯ Lüge!
60. Ameisen sind kleiner als Riesen. ◯ wahr ◯ Lüge!
61. Eine Antilope kann fliegen. ◯ wahr ◯ Lüge!
62. Eine Feder ist leichter als ein Sack Zement. ◯ wahr ◯ Lüge!
63. Eine Gabel ist größer als eine Mistforke. ◯ wahr ◯ Lüge!
64. Eine Hundehütte ist genauso groß wie ein Wolkenkratzer. ◯ wahr ◯ Lüge!
65. Eine Kirchturmuhr ist größer als eine Armbanduhr. ◯ wahr ◯ Lüge!
66. Mäuse sind kleiner als Elefanten. ◯ wahr ◯ Lüge!
67. Eine Sekunde ist kürzer als eine Stunde. ◯ wahr ◯ Lüge!
68. Tapeten bestehen aus Kakao. ◯ wahr ◯ Lüge!

| | | | |
|---|---|---|---|
| 69. | Eine Walze ist ein Tanz. | ◯ wahr | ◯ Lüge! |
| 70. | Einmal im Jahr müssen die Schweine geschoren werden. | ◯ wahr | ◯ Lüge! |
| 71. | Eisbären leben am Nordpol. | ◯ wahr | ◯ Lüge! |
| 72. | Elektriker arbeiten meist in Wäldern. | ◯ wahr | ◯ Lüge! |
| 73. | Eskimos bauen sich ein Iglu. | ◯ wahr | ◯ Lüge! |
| 74. | Fensterscheiben sind aus Glas. | ◯ wahr | ◯ Lüge! |
| 75. | Fische geben Wolle. | ◯ wahr | ◯ Lüge! |
| 76. | Fliegen fressen Spinnen. | ◯ wahr | ◯ Lüge! |
| 77. | Frisches Obst essen ist gesund. | ◯ wahr | ◯ Lüge! |
| 78. | Giraffen haben lange Hälse. | ◯ wahr | ◯ Lüge! |
| 79. | Hans ist ein Männername. | ◯ wahr | ◯ Lüge! |
| 80. | Hasen haben bunte Federn. | ◯ wahr | ◯ Lüge! |
| 81. | Hirsche haben ein Geweih. | ◯ wahr | ◯ Lüge! |
| 82. | Holzfäller arbeiten meist in großen Wäldern. | ◯ wahr | ◯ Lüge! |
| 83. | Hunde können laut bellen. | ◯ wahr | ◯ Lüge! |
| 84. | Igel haben ein sehr glattes Fell. | ◯ wahr | ◯ Lüge! |
| 85. | In Afrika gibt es viele Affen. | ◯ wahr | ◯ Lüge! |
| 86. | In der Wüste wachsen Kakteen. | ◯ wahr | ◯ Lüge! |
| 87. | Julius ist ein Männername. | ◯ wahr | ◯ Lüge! |
| 88. | Kamele leben am Nordpol. | ◯ wahr | ◯ Lüge! |
| 89. | Kängurus leben in der Antarktis. | ◯ wahr | ◯ Lüge! |
| 90. | Kaninchen haben lange Ohren. | ◯ wahr | ◯ Lüge! |
| 91. | Käse wird aus Eiern hergestellt. | ◯ wahr | ◯ Lüge! |
| 92. | Katzen können bellen. | ◯ wahr | ◯ Lüge! |
| 93. | Kinder essen gerne Erdbeer-Eis. | ◯ wahr | ◯ Lüge! |
| 94. | Kleidung ist meist aus Blech. | ◯ wahr | ◯ Lüge! |
| 95. | Kuchen macht man aus Steinen, Holzbalken und Ziegeln. | ◯ wahr | ◯ Lüge! |

| | | | |
|---|---|---|---|
| **96.** | **Kühe fressen gerne frisches Gras und Heu.** | ◯ wahr | ◯ Lüge! |
| **97.** | **Mit der Fähre überquert man Flüsse.** | ◯ wahr | ◯ Lüge! |
| **98.** | **Mit einem Schraubenschlüssel dreht man Schrauben heraus.** | ◯ wahr | ◯ Lüge! |
| **99.** | **Mit einem Spaten kann man den Garten umgraben.** | ◯ wahr | ◯ Lüge! |
| **100.** | **Mit einem Smartphone kann man Nachrichten versenden.** | ◯ wahr | ◯ Lüge! |
| **101.** | **Mit Filzpantoffeln kann man bunte Bilder malen.** | ◯ wahr | ◯ Lüge! |
| **102.** | **Die meisten Katzen können gut schwimmen.** | ◯ wahr | ◯ Lüge! |
| **103.** | **Die meisten Menschen waschen gerne Geschirr ab.** | ◯ wahr | ◯ Lüge! |
| **104.** | **Nilpferde sind dünner als Schlangen.** | ◯ wahr | ◯ Lüge! |
| **105.** | **Nervöse Menschen sind meist sehr ruhig.** | ◯ wahr | ◯ Lüge! |
| **106.** | **Nilpferde haben einen sehr langen Hals.** | ◯ wahr | ◯ Lüge! |
| **107.** | **Die meisten Möbel bestehen aus Erdbeermarmelade.** | ◯ wahr | ◯ Lüge! |
| **108.** | **Frauen tragen oft Bärte.** | ◯ wahr | ◯ Lüge! |
| **109.** | **Der Mann setzte sich den Schuh auf den Kopf.** | ◯ wahr | ◯ Lüge! |
| **110.** | **Der Maurer trug Zementsäcke.** | ◯ wahr | ◯ Lüge! |
| **111.** | **Der Traktor zog den Pflug über das Feld.** | ◯ wahr | ◯ Lüge! |
| **112.** | **Die Erde kreist um die Sonne.** | ◯ wahr | ◯ Lüge! |
| **113.** | **Die Frau zog sich ihre Handschuhe über die Füße.** | ◯ wahr | ◯ Lüge! |
| **114.** | **Die Hausfrau wäscht das Geschirr mit Spülmittel.** | ◯ wahr | ◯ Lüge! |
| **115.** | **Die Kühe stehen auf der Weide und grunzen laut.** | ◯ wahr | ◯ Lüge! |

| | | | |
|---|---|---|---|
| **116.** | **Die Sekretärin setzte sich bequem in ihren Aktenordner.** | ◯ wahr | ◯ Lüge! |
| **117.** | **Ein Gänseblümchen ist kleiner als ein Kirschbaum.** | ◯ wahr | ◯ Lüge! |
| **118.** | **Ein Luftballon ist schwerer als ein Schmiedehammer.** | ◯ wahr | ◯ Lüge! |
| **119.** | **Ein Monat ist länger als ein Jahr.** | ◯ wahr | ◯ Lüge! |
| **120.** | **Eine Schlange ist dicker als ein Nilpferd.** | ◯ wahr | ◯ Lüge! |
| **121.** | **Igel haben sehr viele Stacheln.** | ◯ wahr | ◯ Lüge! |
| **122.** | **Der Zement trug den Maurer.** | ◯ wahr | ◯ Lüge! |
| **123.** | **Der Schüler las im Lesebuch.** | ◯ wahr | ◯ Lüge! |
| **124.** | **Kleidung ist meist aus Stoff.** | ◯ wahr | ◯ Lüge! |
| **125.** | **Krokodile haben lange Ohren.** | ◯ wahr | ◯ Lüge! |
| **126.** | **Das Lesebuch las im Schüler.** | ◯ wahr | ◯ Lüge! |
| **127.** | **Viele Männer tragen einen Bart.** | ◯ wahr | ◯ Lüge! |
| **128.** | **Vögel legen Eier.** | ◯ wahr | ◯ Lüge! |
| **129.** | **Papageien haben bunte Federn.** | ◯ wahr | ◯ Lüge! |
| **130.** | **Pferde haben Hufe.** | ◯ wahr | ◯ Lüge! |
| **131.** | **Schafe legen Eier.** | ◯ wahr | ◯ Lüge! |
| **132.** | **Schildkröten haben einen Panzer.** | ◯ wahr | ◯ Lüge! |
| **133.** | **Der Mann setzte sich den Hut auf den Kopf.** | ◯ wahr | ◯ Lüge! |
| **134.** | **Der Maurer wurde von dem Sack Zement getragen.** | ◯ wahr | ◯ Lüge! |
| **135.** | **Der Teppich wird mit dem Schwingschleifer gereinigt.** | ◯ wahr | ◯ Lüge! |
| **136.** | **Schmutzige Wäsche kommt in die Waschmaschine.** | ◯ wahr | ◯ Lüge! |
| **137.** | **Schnecken kriechen langsam.** | ◯ wahr | ◯ Lüge! |
| **138.** | **Spinnen fangen Fliegen.** | ◯ wahr | ◯ Lüge! |
| **139.** | **Sumpfdotterblumen wachsen oft in der Wüste.** | ◯ wahr | ◯ Lüge! |

140. **Viele Hunde können sprechen.** ◯ wahr ◯ Lüge!

141. **Vier Stunden sind 240 Minuten.** ◯ wahr ◯ Lüge!

142. **Vögel fliegen schneller als Regenwürmer.** ◯ wahr ◯ Lüge!

143. **Wenn ein Zug kommt, öffnen sich die Schranken.** ◯ wahr ◯ Lüge!

144. **Zum Nähen braucht man Nadel und Faden.** ◯ wahr ◯ Lüge!

145. **Autos sind meist aus Blech und Metall.** ◯ wahr ◯ Lüge!

146. **Bei roter Ampel muss man anhalten.** ◯ wahr ◯ Lüge!

147. **Das Mädchen ging im Nachthemd ins Bett.** ◯ wahr ◯ Lüge!

148. **Das Schwein fütterte den Bauern.** ◯ wahr ◯ Lüge!

149. **Der Arzt verordnete dem Kranken einen Sack Zement.** ◯ wahr ◯ Lüge!

150. **Der Mann wurde von der Tür geöffnet.** ◯ wahr ◯ Lüge!

151. **Der Sack Zement wurde von dem Maurer getragen.** ◯ wahr ◯ Lüge!

152. **Der Zimmermann schlug dem Hammer auf den Nagel.** ◯ wahr ◯ Lüge!

153. **Die Familie aß Schrauben und Sägespäne zu Mittag.** ◯ wahr ◯ Lüge!

154. **Die meisten Matratzen bestehen aus Schlagsahne.** ◯ wahr ◯ Lüge!

155. **Die Schneiderin näht das Kleid mit der Nähmaschine.** ◯ wahr ◯ Lüge!

156. **Die Sekretärin setzte sich bequem in ihren Drehstuhl.** ◯ wahr ◯ Lüge!

157. **Die Tür wurde von dem Mann geöffnet.** ◯ wahr ◯ Lüge!

158. **Die Vögel zwitschern oft laut in den Bäumen.** ◯ wahr ◯ Lüge!

159. **Die Zähne putzt man sich mit der Zahnbürste.** ◯ wahr ◯ Lüge!

160. **Ein Bindfaden ist dünner als ein Tau.** ◯ wahr ◯ Lüge!

161. Ein Kirschbaum ist kleiner als ein Gänseblümchen. ◯ wahr ◯ Lüge!

162. Ein Krokodil kann schwimmen. ◯ wahr ◯ Lüge!

163. Ein Löffel ist größer als eine Schaufel. ◯ wahr ◯ Lüge!

164. Ein Monat ist länger als eine Minute. ◯ wahr ◯ Lüge!

165. Ein Zwerg ist kleiner als ein Riese. ◯ wahr ◯ Lüge!

166. Eine Ameise ist größer als ein Igel. ◯ wahr ◯ Lüge!

167. Eine Feder ist schwerer als ein Sack Zement. ◯ wahr ◯ Lüge!

168. Eine Gabel ist kleiner als eine Mistforke. ◯ wahr ◯ Lüge!

169. Eine Kirchturmuhr ist kleiner als eine Armbanduhr. ◯ wahr ◯ Lüge!

170. Eskimos bauen sich Stroh-Hütten, um darin zu wohnen. ◯ wahr ◯ Lüge!

171. Fensterscheiben sind aus Marmor. ◯ wahr ◯ Lüge!

172. Ein Elefant ist kleiner als eine Maus. ◯ wahr ◯ Lüge!

173. Ein Flugzeug kann fliegen. ◯ wahr ◯ Lüge!

174. Ein Gänseblümchen ist größer als ein Kirschbaum. ◯ wahr ◯ Lüge!

175. Ein Haifisch kann gefährlich sein. ◯ wahr ◯ Lüge!

176. Ein Heft hat mehr Seiten als ein Buch. ◯ wahr ◯ Lüge!

177. Ein Jahr ist länger als ein Monat. ◯ wahr ◯ Lüge!

178. Geldmünzen bestehen meist aus Metall. ◯ wahr ◯ Lüge!

179. Giraffen tauchen gerne unter Wasser. ◯ wahr ◯ Lüge!

180. Kamele leben in der Wüste. ◯ wahr ◯ Lüge!

181. Kängurus leben in Australien. ◯ wahr ◯ Lüge!

182. Die Feuerwehr löscht das brennende Haus. ◯ wahr ◯ Lüge!

183. Die Frau kochte das Mittagessen im Kühlschrank. ◯ wahr ◯ Lüge!

184. Die Katze jagte eine Maus durch den Stall. ◯ wahr ◯ Lüge!

185. **Der Lehrer gab den Schülern Hausaufgaben auf.** ◯ wahr ◯ Lüge!

186. **Der Maurer füllt den Zement in die Mischmaschine.** ◯ wahr ◯ Lüge!

187. **Der Bauer fährt auf dem Traktor über das Feld.** ◯ wahr ◯ Lüge!

188. **Der Chefarzt operierte den Patienten.** ◯ wahr ◯ Lüge!

189. **Der Dieb verhaftete den Polizisten.** ◯ wahr ◯ Lüge!

190. **Elektriker reparieren defekte Lichtschalter.** ◯ wahr ◯ Lüge!

191. **Manche Papageien können sprechen.** ◯ wahr ◯ Lüge!

192. **Mit der Taschenlampe macht man Licht.** ◯ wahr ◯ Lüge!

193. **Mit Filzstiften kann man bunte Bilder malen.** ◯ wahr ◯ Lüge!

194. **Müllautos holen den Müll ab.** ◯ wahr ◯ Lüge!

195. **Ostern schmücken wir den Weihnachtsbaum.** ◯ wahr ◯ Lüge!

196. **Pferde haben ein Geweih.** ◯ wahr ◯ Lüge!

197. **Schildkröten haben lange Ohren.** ◯ wahr ◯ Lüge!

198. **Schnecken können sehr schnell rennen.** ◯ wahr ◯ Lüge!

199. **Viele Mädchen heißen Emil.** ◯ wahr ◯ Lüge!

200. **Vier Stunden sind 360 Minuten.** ◯ wahr ◯ Lüge!

**72. Übung:** ***Wörter einsetzen***

Sprüche für das Poesie-Album: Bitte das passende von den drei vorgeschlagenen Wörtern in die Lücke einsetzen:

| | | |
|---|---|---|
| ***1.*** | ***Wenn alles __________ und einer spricht,<br>den Zustand nennt man Unterricht.*** | ***schlafen<br>schläft<br>geschlafen*** |
| ***2.*** | ***Die Schule ist eine Oase,<br>alle Kamele __________ da hin.*** | ***gehen<br>geht<br>gegangen*** |
| ***3.*** | ***Idioten halten Ordnung,<br>ein Genie __________ das Chaos.*** | ***beherrschen<br>beherrscht<br>beherrschte*** |
| ***4.*** | ***Wer __________, fällt nicht hin!*** | ***kriechen<br>kriecht<br>gekrochen*** |
| ***5.*** | ***Flüsse sind voll Wasser, damit es nicht<br>__________, wenn Schiffe bremsen.*** | ***stauben<br>staubt<br>gestaubt*** |
| ***6.*** | ***Marmor, Stein und Eisen __________,<br>aber unsere Schule nicht.*** | ***brechen<br>bricht<br>gebrochen*** |
| ***7.*** | ***Morgens bin ich zu allem bereit,<br>aber zu nichts zu __________.*** | ***brauchen<br>brauchte<br>gebrauchen*** |
| ***8.*** | ***Nicht jeder, der in der Wüste __________<br>ist ein Wüstling.*** | ***leben<br>lebt<br>gelebt*** |
| ***9.*** | ***Man __________ nicht alles auf einmal<br>machen, aber alles auf einmal sein lassen.*** | ***können<br>kann<br>gekonnt*** |
| ***10.*** | ***Erfolge zählen,<br>Mißerfolge werden __________.*** | ***zählen<br>zählte<br>gezählt*** |
| ***11.*** | ***Wer mit seinem Latein am Ende ist, sollte<br>eine andere Sprache __________.*** | ***lernen<br>lernte<br>gelernt*** |

| | |
|---|---|
| **12.** ***Deutsche Flüsse sind Jungbrunnen, wer daraus __________ wird nicht alt.*** | ***trinken<br>trinkt<br>getrunken*** |
| **13.** ***Alle denken an sich, nur ich __________ an mich.*** | ***denke<br>dachte<br>gedacht*** |
| **14.** ***Lieber durch Glück dümmer als durch Schaden klug __________.*** | ***war<br>wurde<br>geworden*** |
| **15.** ***Wenn Bäume __________ könnten, wären alle Menschen taub.*** | ***schreien<br>schrie<br>geschrien*** |
| **16.** ***Wenn die Klügeren nachgeben, __________ das die Herrschaft der Dummen.*** | ***bedeuten<br>bedeutet<br>bedeutete*** |
| **17.** ***Vor Inbetriebnahme des Mundes bitte das Gehirn __________.*** | ***einschalten<br>einschaltete<br>eingeschaltet*** |
| **18.** ***Nichts wissen ist besser als alles besser __________.*** | ***wissen<br>wußte<br>Gewissen*** |
| **19.** ***Wer __________, er irrt nie, der irrt!*** | ***glauben<br>glaubt<br>geglaubt*** |
| **20.** ***Was man nicht __________ hat , das kann man zum Glück auch nicht verlernen.*** | ***begreifen<br>begriff<br>begriffen*** |
| **21.** ***Wir haben diese Welt nur von unseren Kindern __________.*** | ***borgen<br>borgte<br>geborgt*** |
| **22.** ***Wer __________ den Niagarafall?*** | ***lösen<br>löst<br>gelöst*** |
| **23.** ***Ein Kluger kann sich dumm stellen, der Dumme aber __________ überzeugender.*** | ***wirken<br>wirkt<br>gewirkt*** |

| | |
|---|---|
| ***24.*** ***Alles sollte man so einfach wie möglich __________, aber nicht einfacher.*** | ***machen<br>machte<br>gemacht*** |
| ***25.*** ***Phantasie ist __________ als Wissen.*** | ***wichtig<br>wichtiger<br>am wichtigsten*** |
| ***26.*** ***Wer seine Meinung nie zurückzieht, _______ sich selbst mehr als die Wahrheit.*** | ***lieben<br>liebt<br>geliebt*** |
| ***27.*** ***Fehler sind nützlich, aber nur, wenn man sie schnell __________.*** | ***findet<br>fand<br>gefunden*** |
| ***28.*** ***Eine Reise von tausend Meilen __________ mit einem einzigen Schritt.*** | ***beginnen<br>beginnt<br>begonnen*** |
| ***29.*** ***Der beste Lehrmeister ist der Erfolg, der __________ die Angst.*** | ***schlecht<br>schlechter<br>schlechteste*** |
| ***30.*** ***Man __________ die meiste Zeit damit, daß man Zeit gewinnen will.*** | ***verlieren<br>verliert<br>verloren*** |
| ***31.*** ***Wer zur Quelle will, muß gegen den Strom __________.*** | ***schwimmen<br>schwamm<br>geschwommen*** |
| ***32.*** ***Ein Egoist ist ein Mensch, der nicht an mich __________.*** | ***denken<br>denkt<br>gedacht*** |
| ***33.*** ***Ich will alles __________, es muß aber schnell gehen!*** | ***lernen<br>lernte<br>gelernt*** |
| ***34.*** ***Ob einer schläft oder wacht, der Tag __________ stets Mitternacht.*** | ***beginnen<br>beginnt<br>begann*** |
| ***35.*** ***Denkt an das 5. Gebot: __________ eure Zeit nicht tot!*** | ***schlagen<br>schlug<br>schlagt*** |

### 73. Übung: *Lückenwort-Text*

Bitte bei dem Text unten die folgenden Wörter in die richtige Lücke schreiben:

*bezahlen, erreicht, fährt, geblitzt, kleckert, reißt, spritzt, umziehen, vergessen, verschlafen,*

**Herr Schmidt hat heute nicht seinen besten Tag. Schon morgens hat er ______________. Beim Zähneputzen ________ ihm etwas Zahnpasta ins Auge. Als er Frühstück isst, __________ ihm Kaffee über das Hemd und er muss sich noch einmal __________. Als er sich die Schuhe anzieht, _______ ihm ein Schnürsenkel ab. Während er mit dem Auto zur Arbeit ______, sieht er, dass sein Tank fast leer ist. Beim Tanken tropft ihm etwas Benzin über die Hose. Als er in der Tankstelle __________ will, bemerkt er, dass er seine Kreditkarte ____________ hat. Dann fährt er zu schnell über eine Kreuzung und wird von der Polizei _________. Als er schließlich seine Arbeitsstelle __________, ist dort alles abgeschlossen und ihm fällt ein, dass heute ein Feiertag ist.**

## 74. Übung: *Lückenwort-Text*

Bitte bei dem Text unten die folgenden Wörter in die richtige Lücke schreiben:

*Auto, Blumenbeete, Erfindermesse, Fernseher, Hausaufgaben, Hilfe, Lösung, München, Rasenmäher, Schwaben*

**Auf der diesjährigen ____________ in der bayerischen Hauptstadt ________ wurde eine ganze Anzahl neuer Produkte vorgestellt. Am meisten beachtete man das zusammenfaltbare _____, durch das Parkplätze künftig auf ein Viertel der jetzigen Größe reduziert werden können. Großen Lob bekam auch ein Tüftler aus __________, der einen __________ erfunden hat, der erlaubt, dass man während der Werbung umschaltet, aber automatisch sofort wieder zurück wechselt, wenn der ursprüngliche Film weitergeht. Zu erwähnen ist auch ein intelligenter ____________, der selbständig den Rasen mäht, die _____________ aber verschont. Eine große _____ für alle Schüler wird schließlich ein neues Computerprogramm sein, welches die Schrift der Schüler hundertprozentig nachahmt und die __________ für über zehntausend ______________ aus den gängigen Schulbüchern enthält.**

## 75. Übung: *Lückenwort-Text*

Bitte bei dem Text unten die folgenden Wörter in die richtige Lücke schreiben:

*Arbeitslohn, Bundestag, Hausfrauen, Leistungen, Parteien, Schulen, Steuerberater, Steuern, Straßen, Übereinstimmung, Urteil, Verfassungsklage*

**Die schon lange überfällige Steuer-Reform wurde nun endlich vom Deutschen __________ verabschiedet. Grundlage der Reform ist, dass alle Bundesbürger öffentliche Einrichtungen wie z. B. __________ oder __________ etwa gleichermaßen nutzen. Nach einem __________ des Bundesgerichtshofes im vergangenen Jahr war es als ungerecht beurteilt worden, dass besser verdienende Leute erheblich mehr Steuern für dieselben öffentlichen __________ zahlen müssen als Menschen mit geringerem __________. Hierdurch werde Fleiß letztlich nur bestraft. Demnächst werden also alle Menschen, unabhängig vom Einkommen, dieselben __________ zahlen. Es gibt allerdings noch einige offene Fragen zu klären. Insbesondere über die genaue Höhe dieser Steuer konnten die __________ sich nicht einigen. Darüber hinaus besteht keine __________, ob auch Kinder, Rentner, __________ und Arbeitslose zahlen müssen. Auch diese Personen nutzen ja öffentliche Einrichtungen. Der Bund Deutscher __________ strebt derzeit eine __________ gegen die Entscheidung an.**

## 76. Übung: *Comic ergänzen*

Was könnte die linke Personen auf dem Bild antworten? Bitte einen sinnvollen, vielleicht sogar witzigen Text in die leere Sprechblase schreiben.

## 77. Übung: *Comic ergänzen*

Was könnte die Personen auf dem Bild antworten? Bitte einen sinnvollen, vielleicht sogar witzigen Text in die leere Sprechblase schreiben.

Möchten Sie noch einen von meinen selbstgebackenen Keksen?

## 78. Übung: *Comic ergänzen*

Worüber könnten die Personen auf dem Bild sprechen? Bitte einen sinnvollen, vielleicht sogar witzigen Text in die leeren Sprechblasen schreiben.

## 79. Übung: *Comic ergänzen*

Worüber könnten die Personen auf dem Bild sprechen? Bitte einen sinnvollen, vielleicht sogar witzigen Text in die leeren Sprechblasen schreiben.

## 80. Übung: *Comic ergänzen*

Worüber könnten die Personen auf dem Bild sprechen? Bitte einen sinnvollen, vielleicht sogar witzigen Text in die leeren Sprechblasen schreiben.

## 81. Übung: *Sätze ergänzen*

Bitte die folgenden Satzanfänge weiterschreiben, so dass sich sinnvolle Sätze ergeben. Es gibt hier keine richtigen oder falschen Lösungen. Man kann hinschreiben, was einem gerade dazu einfällt!

**1. Am liebsten esse ich ...**

______________________________

______________________________

**2. Abends mache ich oft ...**

______________________________

______________________________

**3. Ich denke oft darüber nach, ob...**

______________________________

______________________________

**4. Ich habe mir oft gewünscht, dass ...**

______________________________

______________________________

**5. Einmal habe ich erlebt, dass ...**

______________________________

______________________________

**6. Ich mag keine Leute, die ...**

______________________________

______________________________

**7. Ich finde es schrecklich, dass ...**

______________________________

______________________________

8. Am liebsten habe ich ...

9. Bei einer Theater-Aufführung würde ich gerne ...

10. Am meisten Angst habe ich davor, dass ...

11. Manchmal träume ich davon, dass ...

12. Vor einiger Zeit fühlte ich mich nicht wohl, weil ...

13. Es ist sehr schade, dass ...

14. Ich werde furchtbar wütend, wenn ...

15. Ich hatte ziemlichen Ärger, weil ...

16. Als ich selbst noch ein Kind war, ...

17. Ich finde, die meisten Frauen sind ...

18. Ich finde, die meisten Männer sind ...

19. Ich war tief betrübt als ...

20. Am glücklichsten bin ich, wenn ...

21. Tiere finde ich ...

22. Meine schwächste Seite ist ...

23. Früher, in meiner Jugend, ...

24. **Es ist streng verboten ...**

25. **Es war mir peinlich, dass ...**

26. **Einmal habe ich geweint, weil ...**

27. **Die meisten Jugendlichen sind ...**

28. **Die meisten Kinder sind ...**

29. **Das Furchtbarste wäre für mich ...**

30. **Das Schönste für mich wäre ...**

## 82. Übung: *Sätze ergänzen*

Bitte die folgenden Satzanfänge weiterschreiben, so dass sich sinnvolle Sätze ergeben. Es gibt auch hier keine richtigen oder falschen Lösungen. Das Satzende hängt nur von der eigenen Phantasie ab!

1. **Zwei Polizisten stiegen aus dem Streifenwagen und riefen zu dem Autofahrer:**

   ______________________________

   ______________________________

2. **Der junge Prinz blickte dem Bettelmädchen tief in die Augen und sagte dann zu ihr:**

   ______________________________

   ______________________________

3. **Im Gerichtssaal sprang der Richter wütend auf und schrie den Angeklagten an:**

   ______________________________

   ______________________________

4. **Der Lehrer legte seinen Stift auf den Tisch und sagte zu den Schülern:**

   ______________________________

   ______________________________

5. **Der Greis legte seine Hand segnend auf den Kopf des Enkelsohnes und sagte mit zittriger Stimme:**

   ______________________________

   ______________________________

6. **Bevor der Ritter sein Schwert zum letzten Streich erhob, sagte er zum sterbenden Drachen:**

   ______________________________

   ______________________________

7. **Nach dem Sturm erwachte der Seemann an einem einsamen Strand. Eine Seejungfrau saß vor ihm und sprach mit singender Stimme:**

8. **Der listige Fuchs blickte dem Wolf nicht in die Augen, weil er Angst hatte, dieser könne ihm ansehen, dass er log. Mit verschmitzter Stimme sagte er sodann:**

9. **Er war schon seit langer Zeit in sie verliebt, hatte sich aber noch nie getraut, es ihr endlich zu gestehen. Nun aber schien der richtige Zeitpunkt gekommen zu sein. Nach einem tiefen Blick in die Augen, den sie zu erwidern schien, sagte er zu ihr:**

10. **Warum war sein Kollege ihm vorgezogen und als erster befördert worden? Wütend ging er in das Büro des Chefs und rief schon beim Eintreten:**

## 83. Übung: *Alltagskommunikation*

Oft trifft man Freunde, Bekannte, Verwandte oder Nachbarn und fragt, wie's denn so geht. Meist werden solche Fragen nur mit einem kurzen Satz beantwortet, dabei könnte sich auch ein längeres, nettes Gespräch daraus entwickeln. Auf die folgenden Fragen soll man eine möglichst ausführliche und ruhig weitschweifige Antwort finden! Stellen Sie sich vor, ein Bekannter stellt Ihnen jetzt diese Frage und versuchen Sie, darauf mit etwas mehr als dem üblichen *„Ja, alles bestens."* zu antworten.

1. **„Na, wie geht's Ihnen denn so?"**
2. **„Was macht die Gesundheit?"**
3. **„Wie geht's denn Ihrer Familie?"**
4. **„Lange nicht gesehen! Was haben Sie denn in den letzten Tage so getrieben?"**
5. **„Haben Sie in den nächsten Wochen etwas vor?"**
6. **„Immer diese kleinen Reparaturen. Haben Sie Zuhause auch so viel zu tun?"**
7. **„Haben Sie nicht auch Lust, mal wieder irgendwohin zu verreisen?"**
8. **„Freuen Sie sich schon auf die kommenden Feiertage?"**
9. **„Wie war das letzte Wochenende?"**
10. **„Haben Sie in den nächsten Tagen irgendetwas Besonderes vor?"**
11. **„Haben Sie auch so oft Streit mit ihrem Partner?"**
12. **„Also, diese Politiker machen mit uns ja, was die wollen! Finden Sie nicht auch?"**
13. **„Das Wetter im Moment macht mich völlig fertig. Wie geht's Ihnen damit?"**
14. **„Alles wird immer teurer. Ist das nicht fürchterlich?"**
15. **„Interessieren Sie sich eigentlich auch für Fußball oder einen anderen Sport?"**
16. **„Meine schönste Reise war die nach Amerika. Waren Sie auch schon mal weiter weg?"**

17. „Haben Sie eigentlich auch ein Hobby?"
18. „Hatten (haben) Sie einen interessanten Beruf?"
19. „Haben Sie eigentlich Kinder?"
20. „Das Fernsehprogramm wird auch immer schlechter. Sehen Sie auch so viel fern?"
21. „Geht Ihnen die Werbung im Fernsehen auch so auf die Nerven?"
22. „Hatten Sie eigentlich schon einmal einen Unfall?"
23. „Bleiben Sie immer nur zu Hause oder gehen Sie auch häufiger mal aus?"
24. „Der neue Mercedes gefällt mir gut. Was für ein Fahrzeug würden Sie sich kaufen?"
25. „Wie fanden Sie das Wetter im letzten Sommer?"
26. „Lesen Sie eigentlich viel?"
27. „Wir waren gestern im Musical, phantastische Aufführung. Wann waren Sie das letzte Mal im Kino oder im Theater?"
28. „Treffen Sie sich häufiger mit Freunden, Verwandten oder Bekannten?"
29. „Hören Sie eigentlich gerne Musik oder sind Sie unmusikalisch?"
30. „In den Nachrichten wurde in letzter Zeit von vielen Katastrophen berichtet. Ist das nicht schrecklich?"
31. „Immer wieder diese Kriege und dieser Terrorismus. Ist das nicht grauenvoll?"
32. „Die Wirtschaftskrise macht mir Angst. Haben Sie noch genug Geld?"

### 84. Übung: *Schlagfertige Antworten finden*

Bei den folgenden Sätzen soll man spontan versuchen, eine gute und möglichst schlagfertige Erwiderung zu finden:

1. **Im überfüllten Bus sagt eine andere Person zu Ihnen: „Aua! Sie sind mir auf den Fuß getreten, Sie Tölpel!“**

   **Ihre Antwort:** ________________________________

2. **In der Warteschlange vor der Kasse im Supermarkt überholt Sie eine vollschlanke, ältere Dame und ruft: „Lassen Sie mich doch bitte mal vorbei, nach vorne an die Kasse. Ich habe es sehr eilig. Sie haben doch bestimmt Zeit, nicht?“**

3. **Eine Gruppe zerzauster Jugendlicher sitzt am Straßenrand und ruft Ihnen zu: „Ey, haben Sie mal ’nen Euro für uns?“**

4. Ein findiger Versicherungsvertreter bietet Ihnen telefonisch eine Versicherung gegen indirekten Blitzeinschlag an und sagt: „Wussten Sie, das jedes Jahr elektrische Geräte in Millionenhöhe durch indirekten Blitzschlag kaputt gehen, die gar nicht versichert sind? Die Versicherung dagegen kostet bei uns nur 1,15 Euro pro Tag."

5. Ein Nachbar, den Sie noch nie besonders gut leiden konnten, meint im Vorbeigehen zu Ihnen: „Meine Güte, sehen Sie aber alt aus heute und so blass. Geht's Ihnen nicht gut?"

6. Auf der Bank weigert der Kassierer sich, Ihnen Geld auszuzahlen und sagt: „Tut mir leid, Ihr Konto ist restlos überzogen. Bitte reden Sie mit dem Geschäftsführer."

7. Erst zu Hause haben Sie gemerkt, dass Ihr neuer Pullover einen Webfehler hat. Als Sie versuchen, das Kleidungsstück umzutauschen, meint die Verkäuferin schnippisch: „Das war ein Sonderangebot. Das tauschen wir gar nicht um."

**8.** **Sie sitzen schon über eine Stunde im Restaurant und warten auf Ihr Essen. Schließlich zitieren Sie den Ober herbei und fragen nach. Dieser antwortet hochnäsig: „In einem Feinschmecker-Restaurant wie dem unserigen dauert die Anfertigung der Speisen eben etwas länger. Wenn Sie diesbezüglich keine Geduld haben, sollten Sie doch künftig lieber einen Schnellimbiss aufsuchen."**

________________________________________

________________________________________

________________________________________

**9.** **In Ihrem Betrieb knallt Ihr Vorgesetzter Ihnen einen Aktenordern auf den Tisch und schreit: „Alles Beschwerden! Ihre letzte Arbeit war voller Fehler! So geht das nicht weiter!!!"**

________________________________________

________________________________________

________________________________________

**10.** **Ihr Lebenspartner sagt zu Ihnen: „Ich glaube ich such mir was anderes. Du bist mir einfach zu langweilig!"**

________________________________________

________________________________________

________________________________________

________________________________________

________________________________________

## 85. Übung: *Bericht verbessern*

Wenn man die beiden folgenden Sätze vergleicht, dann wird auffallen, dass der zweite Satz durch viele beschreibende Eigenschaftswörter viel anschaulicher klingt:

1. *Nach einer Suche konnten Polizisten den Tiger wieder einfangen.*

2. *Nach einer mehrstündigen Suche konnten mutige Polizisten den entlaufenen, blutrünstigen Tiger zum Glück wieder einfangen.*

Auch die folgende Geschichte klingt viel lebendiger, wenn man an den richtigen Stellen Adjektive oder beschreibende Füllwörter einsetzt. Dieses Mal gibt es keine genaue Lösung, welche Eigenschaftsworte wo eingesetzt werden müssen. Als kleine Hilfe werden einige Adjektive vorgegeben, man kann aber auch andere benutzen!

Originaltext:

**Pech hatte ein Einbrecher in der Stadt Hamburg. Er war durch ein Badezimmerfenster in ein Haus eingestiegen und hatte im Wohnzimmer den Schrank aufgebrochen, dort aber keine Gegenstände gefunden, die er hätte stehlen können. Anschließend untersuchte er noch das Schlaf- und das Badezimmer, wurde aber auch hier nicht fündig. Schließlich erregte die Kellertür seinen Verdacht und er meinte zu wissen, dass die Bewohner des Hauses ihre Wertsachen dort versteckt hielten. Auf der Kellertreppe rutschte er aber aus, so dass er die Stufen herunterfiel, sich ein Bein brach und nicht mehr nach oben kam. Die Bewohner des Hauses, ein Karatelehrer mit seiner Frau, fanden den Einbrecher dort, als sie von einer Party zurückkehrten.**

Liste möglicher Wörter, die in diesen Text eingesetzt werden könnten:

abgeschlossen, angetrunken, arbeitslos, arm, aus eigener Kraft, blutig, düster, feuchtfröhlich, feudal, ganz genau, glatt, glitschig, glücklicherweise, groß, heimlich, hilflos, in aller Ruhe, jung, klein, kräftig, leerstehend, mutig, nachts, nebelig, norddeutsch, offenbar , offenstehend, plötzlich, reich, schmerzhaft, schwach, sicherlich, siebzig Jahre alt, still, überraschend, um vier Uhr morgens, unglücklich, unheimlich, verschlossen, wertlos, wertvoll, zwanzigjährig.

Die „verbesserte“ Version:

## 86. Übung: *Geschichte beenden*

Bitte zu dem folgenden Anfang eine möglichst spannende Kurzgeschichte erfinden:

**Es war schon gegen Mitternacht, als der 70jährige Gerd Müller mit seiner Frau von einem Theaterbesuch nach Hause kam. Herr Müller hängte noch die Mäntel in die Garderobe, während seine Frau schon ins Wohnzimmer ging. Plötzlich hörte er sie gellend schreien. Er stürzte sofort zu ihr und sah, dass etwas Unglaubliches geschehen war. ...**

## 87. Übung: *Geschichte beenden*

Bitte zu dem folgenden Anfang eine möglichst spannende Kurzgeschichte erfinden:

**Nach einem anstrengenden Arbeitstag saß ich im Fernsehsessel und gönnte mir ein halbes Glas Wein. Da klingelte es an der Tür. Obwohl ich nicht viel Lust hatte, mich stören zu lassen, öffnete ich schlechtgelaunt. Vor mir stand ein giftgrünes Männchen mit Rüssel und vier Augen, das wohl am ehesten vom Mars stammen könnte. Es sagte: „Qurglxirrr" zu mir und ich antwortete gelassen:**

## 88. Übung: *Geschichte beenden*

Bitte zu dem folgenden Anfang eine möglichst spannende Kurzgeschichte erfinden:

**Es war eigentlich nichts Besonderes, dass Helga an diesem Morgen wieder einmal den 7-Uhr-Bus verpasst hatte. An diesem Tag begann damit leider eine Verkettung unglücklicher Umstände, denn während sie an der Haltestelle auf den nächsten Bus wartete ...**

## 89. Übung: *Geschichte schreiben*

Bitte zu der Folge der sechs Bilder eine passende Lebensgeschichte erfinden:

## 90. Übung: *Rechtschreibung „b“ oder „p“*

Fit in der Rechtschreibung? Hier folgen einige Übungen, in denen man den eigenen Wissensstand überprüfen kann!

Viele Buchstaben wie z. B. „p“ und „b“ hören sich gleich oder sehr ähnlich an. Um sie unterscheiden zu können, hilft es in den meisten Fällen, wenn man das Stammwort sucht oder das Wort verlängert. Beispiele: *Korb von Kör**b**e oder: sie wirbt von wer**b**en.* Bitte den richtigen Buchstaben einsetzen:

**das Gra__**
**ein Kla__s**
**der Stu__s**
**gel__**
**er trie__**
**er stir__t**
**der Klo__s**
**der Ka__lan**
**zerbom__t**
**stre__sam**
**schie__t**
**der Trie__**
**er ga__**
**trü__**
**der Schli__s**
**der Skal__**
**die Dro__s**
**der O__tiker**
**der Siru__**

**der Kor__**
**sie__zig**
**der Lei__**
**die Ha__gier**
**das Lau__**
**er grä__t**
**der Knir__s**
**sie be__t**
**bega__t**
**le__haft**
**er he__t**
**er sie__t**
**er wir__t**
**es zir__t**
**der Mo__s**
**Mikrosko__**
**das Reze__t**
**er rei__t**
**das Re__t il**

**der Ra__s**
**er ist tau__**
**es trei__t**
**Ker__holz**
**es schwe__t**
**der Gi__s**
**Du__likat**
**er to__t**
**betrü__t**
**vernar__t**
**sie rei__t**
**der Sta__**
**es ist gro__**
**die A__fahrt**
**der Stö__sel**
**der Pa__st**
**Schna__s**
**Schwi__s**
**der Hau__tmann**

## 91. Übung: *Rechtschreibung „e“ oder „ä“*

Die Buchstaben -e- und -ä- sprechen sich völlig gleich aus und werden daher oft verwechselt. Auch hier muss man das Stammwort suchen oder ein verwandtes Wort finden: *Hände von Hand, Kälte von kalt.* Für viele Worte gibt es leider keine Ableitung und man muss sie sich merken, z. B.: *Bär, Gräten, Käfer, Käfig, Käse, Mädchen, Mähne, Märchen, Säbel, Säge, Strähne.*

**Bl__tter**
**D__cher**
**Schr__nke**
**s__lbst**
**B__lle**
**Gel__nk**
**F__tt**
**G__rtner**
**Gep__ck**
**verd__rben**
**Ges__llen**
**H__ftling**
**l__cherlich**
**Z__llen**
**S__ge**
**M__sser**
**G__ld**
**Gr__ten**
**M__hne**

**Schw__mme**
**Kr__nze**
**schn__ll**
**Schm__rz**
**K__mme**
**fr__ch**
**H__nde**
**P__chter**
**K__lte**
**Z__ntner**
**F__hre**
**t__glich**
**R__ntner**
**W__rbung**
**K__fig**
**D__ckel**
**Sp__rling**
**M__dchen**
**M__rchen**

**Schw__nze**
**S__rge**
**Fr__mder**
**Schn__bel**
**G__nse**
**n__tt**
**B__cker**
**W__chter**
**H__rte**
**sch__nken**
**Gel__nde**
**sch__dlich**
**Br__tter**
**erk__nnen**
**K__fer**
**Zw__rge**
**Tr__nen**
**S__bel**
**Str__hne**

## 92. Übung: *Rechtschreibung Doppelkonsonanten*

Manche der folgenden Worte schreiben sich mit einem Doppelkonsonanten (z. B.: -ff-, -ll-, -mm-, -nn- usw.). Bitte merken:

Ein Doppelkonsonant kommt nur nach einem kurz gesprochenen Vokal (betontes a, e, i, o, u), z. B.: Ka**mm**

Nach einem langen Vokal (langgesprochenes a, e i, o, u) und nach: au, eu, ei, ie verdoppelt man den Konsonanten nie! Beispiel: er ka**m**, kau**m,** Rei**m**

| -f- oder -ff- | -l- oder -ll- | -m- oder mm | -s- oder -ss- |
|---|---|---|---|
| **grei___en** | **Ha___e** | **Da___** | **Nü___e** |
| **ho___en** | **Fe___** | **Ka___** | **e___en** |
| **Ta___el** | **Ke___er** | **Sta___** | **Wie___e** |
| **ö___entlich** | **Woh___** | **He___ung** | **Fä___er** |
| **Gri___el** | **Kna___** | **Ste___eisen** | **Ma___e** |
| **Pu___er** | **Keh___e** | **Ha___er** | **Ha___e** |
| **Karto___el** | **Foh___en** | **Rau___** | **ra___en** |
| **tre___en** | **Fa___e** | **Sa___en** | **Ra___t** |
| **Schie___er** | **Ro___er** | **träu___en** | **Ta___e** |
| **Strei___en** | **Schu___e** | **bru___en** | **Kla___e** |
| **kla___en** | **ho___en** | **Blu___e** | **Schlü___el** |
| **ga___en** | **Te___er** | **Aro___a** | **Schü___el** |
| **wer___en** | **Soh___e** | **fli___ern** | **Fe___el** |
| **Ha___er** | **Wo___e** | **Kli___zug** | **Kä___e** |
| **Schlau___e** | **Bu___e** | **schi___lig** | **Na___e** |
| **Schi___** | **Stuh___** | **fro___** | **Va___e** |

## 93. Übung: *Rechtschreibung „tz“ und „ck“*

In der deutschen Rechtschreibung ist -ck- die Verdopplung von -k- und -tz- die Verdopplung von -z-. Für diese Doppelkonsonanten gelten dieselben Regeln wie für andere Doppelkonsonanten (z.B. -ff-, -ll-, -rr- oder -pp-). Bitte merken: Ein Doppelkonsonant (ck, tz) kommt nur nach einem kurz gesprochenen Vokal (betontes a, e, i, o, u), z.B.: Ka**tz**e, Ro**ck**. Nach einem langen Vokal (langgesprochenes a, e i, o, u) und nach: au, eu, ei, ie verdoppelt man den Konsonanten nie! Beispiel: Rabau**k**e, schneu**z**en. Nach den Konsonanten: -l-, -m-, -n- und -r- schreibt man nie -tz- und nie -ck-!

BITTE -k- oder -ck- einsetzen:

**Bal__en, bü__en, das Wer__ , den__en, der An__er, der Da__el, der Im__er, der La__ , der Ro__, der Spe__ , der Tri__ , die Brü__e, die Fa__el, die Ha__e , die Har__e, die Lo__e , die Nel__e, die Po__en, die Spu__e, die Wol__e, Fer__el, Gedan__e, gelen__ig, ist di__ , ist star__, Kran__heit, le__er, len__en, lo__er, me__ern, mer__en, Mol__erei, Nar__ose, par__en, pi__en, schi__en, Schlen__ er, sie ti__t, tan__en, tor__eln, Tre__er, trin__en, tro__en, wa__eln, wan__en, wel__en, wi__eln, win__en, wir ho__en.**

BITTE -z- oder -tz- einsetzen:

**abhe__en, abstü__en, Baumhar__, das Hol__, der Bli__, der Fe__en, der Klo__, der Kran__, der La__ , der Mär__, der Pel__, der Pla__, der Spa__, der Stur__, der Wi__, die Ka__e, die Ker__e , die Mü__e, die Ta__e , die Wal__e, die War__e, ein__ig, Gewür__ , grun__en, hinse__en, ist spi__, ist stol__ , Kan__el, ki__ eln, kri__eln, nü__en, Pflan__e, pla__en, pur__eln, pu__en, ran__ig, schä__ en, schli__en, Schmal__, schma__en, schmel__en, Schmer__en, schmu__ig, Schwan__, schwar__, Spri__e, tan__en, Wur__el.**

## 94. Übung: *Rechtschreibung „bb“, „dd“, „gg“, „kk“ und „zz“*

Es gibt nur wenige Worte, die sich mit **„bb“**, **„dd“**, **„gg“**, **„kk“** oder **„zz“** schreiben. Bei der folgenden Wortliste soll man versuchen herauszufinden, was man davon einsetzen muss, damit die folgenden Worte einen Sinn ergeben:

**a____ieren, A____ord, A____u, a____urat, A____usativ, aufri___eln, Ba___er, Baja___o, bu___eln, Do___e, beim Fußbal dri___eln, die E___e hinter dem Traktor, E___e und Flut, Fla____e, flü____e, Interme____o, Ja____, Jo____ing, er jo____t, Kla____e, kna____ern, die Hanseko___e (Schiff), Kra___e, kra___eln, kri____elig, Ma____i, Ma____aroni, Ni____a, Pa____el, Pi___a, Pu___ing, Ra____ia, Ro____e, Gerste und Ro____en, Sa____o, schla____ern, Schmu____ler, Schru____er, Ski____e, ski____ieren, Te___y, wa___eln, Wa___on.**

## 95. Übung: *Fremdwörter I. Teil*

Bitte die folgenden Fremdwörter zu der dazugehörigen Beschreibung eintragen:

**Adoption, Alternative, Amputation, Antipathie, Archäologe, Aristokrat, Boykott, chaotisch, Cowboy, Delegation, Doping, Generation, graziös, Hieroglyphe, Infektion, Pharao, Phase, Pyramide, Quarantäne, Rugby, Sheriff, Sphinx, Spirituosen, Stanniol, Steak**

| | | |
|---|---|---|
| 1. | Abbruch von Beziehungen | |
| 2. | Abneigung | |
| 3. | Abordnung | |
| 4. | Abschnitt einer Entwicklung | |
| 5. | Absperrung gegen Krankheit | |
| 6. | Abtrennung von Arm oder Bein | |
| 7. | Adliger | |
| 8. | ägyptische Bilderschrift | |
| 9. | ägyptischer Herrscher | |
| 10. | ägyptisches Fabelwesen | |
| 11. | ägyptisches Grabmal | |
| 12. | alkoholische Getränke | |
| 13. | großes Durcheinander | |
| 14. | ein fremdes Kind annehmen | |
| 15. | Altersgenossen | |
| 16, | Altertumsforscher | |
| 17. | Aluminiumfolie | |
| 18. | amerikanischer Polizist | |
| 19. | amerikanischer Rinderhirt | |
| 20. | amerikanisches Ballspiel | |
| 21. | andere Möglichkeit | |
| 22. | angebratenes Fleischstück | |
| 23. | anmutig | |
| 24. | Anregungsmittel für Leistung | |
| 25. | Ansteckung | |

## 96. Übung: *Fremdwörter II. Teil*

Bitte die folgenden Fremdwörter zu der dazugehörigen Beschreibung eintragen:

**absorbieren, Adverb, Aktionär, Akzent, Amnestie, amüsant, Apostroph, Aquarell, Assessor, Beduine, Champagner, Choleriker, Dimension, Elite, Emigrant, Extrakt, Faszination, Handikap, Interview, Perspektive, Porträt, Reportage, Stewardess, Symptom, Team.**

| | | |
|---|---|---|
| 1 - | Anwärter auf Beamtenlaufbahn | |
| 2. | Anzeichen einer Krankheit | |
| 3. | arabischer Nomade | |
| 4. | Arbeitsgruppe | |
| 5. | aufbrausender Mensch | |
| 6. | aufsaugen | |
| 7. | Ausblick | |
| 8. | Ausdehnung | |
| 9. | Benachteiligung im Sport | |
| 10. | Auslassungszeichen | |
| 11. | Auslese der Besten | |
| 12. | Auswanderer | |
| 13. | Auszug (z.B. aus Pflanzen) | |
| 14. | Befragung | |
| 15. | Begnadigung | |
| 16. | belustigend | |
| 17. | Berichterstattung | |
| 18. | beschreibendes Umstandswort | |
| 19. | Besitzer von Aktien | |
| 20. | besonderer Schaumwein | |
| 21. | Betonungszeichen | |
| 22, | Betreuerin auf Reisen | |
| 23. | bezaubernde Anziehungskraft | |
| 24. | Bild des Gesichts | |
| 25. | Bild mit Wasserfarben | |

## 97. Übung: *Fremdwörter III. Teil*

Bitte die folgenden Fremdwörter zu der dazugehörigen Beschreibung eintragen:

**Abonnement, Adjektiv, Audienz, Cellophan, Champignon, dekadent, Eremit, Existenz, Glasfiber, Imitation, Individuum, Intelligenz, intensiv, Periode, Pseudonym, Püree, Relais, Repertoire, Sarkophag, Smaragd, Spray, Tourist, Unikum, Whiskey, Xylophon.**

| | | |
|---|---|---|
| 1. | billige, wertlose Nachbildung | |
| 2. | breiförmige Speise | |
| 3. | Dasein | |
| 4. | Dauerbezug einer Zeitung | |
| 5. | Deck- oder Künstlername | |
| 6. | Denkvermögen | |
| 7. | Dose mit Flüssigkeitszerstäuber | |
| 8. | durchsichtige Kunstfaser | |
| 9. | durchsichtige Kunststoff-Folie | |
| 10. | Eigenschaftswort | |
| 11. | ein altertümlicher Sarg | |
| 12. | ein Branntwein | |
| 13. | ein Edelstein | |
| 14. | ein Musikinstrument | |
| 15. | ein Pilz | |
| 16. | ein Reisender | |
| 17. | ein Zeitraum | |
| 18. | eindringlich | |
| 19. | Einsiedler | |
| 20. | einstudierte Theaterrollen | |
| 21. | einzelne Person | |
| 22. | einzigartiger Mensch | |
| 23. | elektrischer Schalter | |
| 24. | Empfang | |
| 25. | entartet | |

## 98. Übung: *Fremdwörter IV. Teil*

Bitte die folgenden Fremdwörter zu der dazugehörigen Beschreibung eintragen:

**Aggression, Bumerang, Chauffeur, Definition, Double, Emotion, Epilepsie, evakuieren, Evolution, Experte, Geographie, Gravitation, Hobby, Hymne, Inflation, Initiative, Philosoph, Prothese, Quotient, Renaissance, Restaurant, Sadismus, Souvenir, Stipendium, Television.**

| | | |
|---|---|---|
| 1. | Entschlußkraft | |
| 2. | Entwicklung der Arten | |
| 3. | Erdanziehungskraft | |
| 4. | Erdkunde | |
| 5. | Ergebnis einer Divisionsaufgabe | |
| 6. | Erinnerungsstück | |
| 7. | Erneuerung, Kunstepoche | |
| 8. | Ersatz-Körperteil | |
| 9. | Ersatz-Schauspieler | |
| 10. | Fachmann | |
| 11. | Fahrer | |
| 12. | Fallsucht / Anfallskrankheit | |
| 13. | feindseliger Angriff | |
| 14. | Fernsehen | |
| 15. | Festgesang | |
| 16. | Freizeit-Beschäftigung | |
| 17. | Freude an Grausamkeiten | |
| 18. | Freund der Weisheit | |
| 19. | Gasthaus | |
| 20. | Gebiet bei Gefahr räumen | |
| 21. | Gefühl | |
| 22. | gekrümmtes Wurfholz | |
| 23. | Geldbeihilfe für eine Ausbildung | |
| 24. | Geldentwertung | |
| 25. | genaue Bestimmung | |

## 99. Übung: *Fremdwörter V. Teil*

Bitte die folgenden Fremdwörter zu der dazugehörigen Beschreibung eintragen:

**Amulett, Antiquariat, Artillerie, Attraktion, Balance, Chance, Chrom, Chronik, Container, Demokratie, Diktatur, Dynastie, etepetete, Inquisition, präzise, Provokation, Roulade, Rowdy, Sabotage, Saison, Sexualität, Symmetrie, Talisman, Therapie, Tyrann.**

| | | |
|---|---|---|
| 1. | gerolltes Fleischstück | |
| 2. | geschichtliche Ereignisse | |
| 3. | Geschlecht / Geschlechtstheb | |
| 4. | Gewaltherrschaft | |
| 5. | gewalttätiger Jugendlicher | |
| 6. | gewissenhaft, genau | |
| 7. | geziert | |
| 8. | glänzendes Metall | |
| 9, | Glanznummer | |
| 10. | Gleichgewicht | |
| 11. | Gleichmaß / spiegelbildlich gleich | |
| 12. | Glücksbringer | |
| 13. | noch ein Glücksbringer | |
| 14. | grausamer Gewaltherrscher | |
| 15. | große Schußwaffen | |
| 16. | großer Behälter | |
| 17. | günstige Möglichkeit | |
| 18. | Händler alter Bücher | |
| 19. | Hauptbetriebszeit im Jahr | |
| 20. | Heilbehandlung | |
| 21. | heimliche Zerstörung | |
| 22. | Herausforderung | |
| 23. | Herrschaft des Volkes | |
| 24. | Herrschaft einer Familie | |
| 25. | Hexenverfolgung im Mittelalter | |

## 100. Übung: *Fremdwörter VI. Teil*

Bitte die folgenden Fremdwörter zu der dazugehörigen Beschreibung eintragen:

**Akademie, Allergie, Apachen, Apartment, Appetit, athletisch, Bazillus, Boutique, Cafeteria, Chamäleon, City, Debatte, Delphin, Diphterie, Diskothek, Dozent, Dynamik, Gymnastik, Inspektion, Prophet, Remoulade, Rokoko, Teenager, Twen, Zyklus.**

| | | |
|---|---|---|
| 1. | hitziges Gerede | |
| 2. | Hochschullehrer | |
| 3. | Hochschule | |
| 4. | Indianerstamm | |
| 5. | Infektionskrankheit | |
| 6. | Innenstadt | |
| 7. | Jemand, der etwas voraussagt | |
| 8. | Jg. Erwachsene von 20 bis 29 | |
| 9. | Jugendliche bis 19 Jahre | |
| 10. | Jugendtanzlokal | |
| 11. | kleine Echse | |
| 12. | kleine Wohnung | |
| 13. | kleiner Hunger | |
| 14. | kleiner Modeladen | |
| 15. | kleiner Zahnwal | |
| 16. | kleines Selbstbedienungs-Resaurant | |
| 17. | Kontrolle | |
| 18. | Körperschulung | |
| 19. | Kräftelehre | |
| 20. | kräftig | |
| 21. | krankhafte Überempfindlichkeit | |
| 22. | Krankheitserreger | |
| 23. | Kräutermayonnaise | |
| 24. | Kreislauf der Zeit | |
| 25. | Kunststil im 18. Jahrhundert | |

## 101. Übung: *Fremdwörter VII. Teil*

Bitte die folgenden Fremdwörter zu der dazugehörigen Beschreibung eintragen:

**Absolution, Akustik, Algebra, Amphibie, Anekdote, Apotheke, Asthma, Atmosphäre, Biographie, charmant, Chaussee, Couch, Discount, Diskussion, Epoche, Gangway, idyllisch, Intendant, Intervall, Quantität, Regisseur, Situation, Spaghetti, Story, Ultimatum.**

| | | |
|---|---|---|
| 1. | Allergisch-bedingte Kurzatmigkeit | |
| 2. | kurze Geschichte | |
| 3. | kurze Zeitspanne | |
| 4. | Kurzgeschichte | |
| 5. | Laden mit niedrigen Preisen | |
| 6. | Lage / Zustand | |
| 7. | Land- und Wassertier | |
| 8. | ländlich-friedlich | |
| 9. | Landstraße | |
| 10. | lange dünne Nudel | |
| 11. | Langer Zeitabschnitt | |
| 12. | Laufsteg z.B. zum Flugzeug | |
| 13. | Lebensbeschreibung | |
| 14. | Lehre vom Schall | |
| 15. | Leiter eines Spielfilms | |
| 16. | Leiter eines Theaters | |
| 17. | letzte Frist | |
| 18. | liebenswürdig | |
| 19. | Liegesofa | |
| 20. | Lossprechung von Sünden | |
| 21. | Lufthülle | |
| 22. | mathematische Gleichungen | |
| 23. | Medikamentenladen | |
| 24. | Meinungsaustausch | |
| 25. | Menge | |

**102. Übung:** ***Fremdwörter VIII. Teil***

Bitte die folgenden Fremdwörter zu der dazugehörigen Beschreibung eintragen:

**Adagio, Advokat, Affäre, Agitation, Bulldozer, Charakter, Chirurgie, Dealer, dekorieren, Derby, Diskjockey, Etui, Gendarm, Grapefruit, Hygiene, Hypothek, Phlegma, Psychologe, Rallye, Redakteur, Reederei, Safari, Silhouette, Taille, Vegetarier.**

| | | |
|---|---|---|
| 1. | Operation | |
| 2. | Pampelmuse | |
| 3. | peinlicher Vorfall oder Beziehung | |
| 4. | Persönlichkeit | |
| 5. | Pfandrecht an einem Grundstück | |
| 6. | Pferderennen | |
| 7. | Pflanzenkost-Esser | |
| 8. | Planierraupe | |
| 9. | politische Hetze | |
| 10. | Polizist | |
| 11. | Rauschgifthändler | |
| 12. | Rechtsanwalt | |
| 13. | Reise in Afrika | |
| 14. | sanftes Musikstück | |
| 15. | Sauberkeitslehre | |
| 16. | CD-Aufleger (Diskothek) | |
| 17. | Schattenriß | |
| 18. | Schiffswerft | |
| 19. | schmale Körperstelle über Becken | |
| 20. | schmücken | |
| 21. | Schnitzeljagd mit Autos | |
| 22. | Schriftleiter einer Zeitung | |
| 23. | Schutzhülle | |
| 24. | Schwerfälligkeit | |
| 25. | Seelenkundiger | |

### 103. Übung: *Fremdwörter IX. Teil*

Bitte die folgenden Fremdwörter zu der dazugehörigen Beschreibung eintragen:

**apathisch, Astrologie, Billard, Chromosom, Clown, Diskretion, Dompteur, Dynamit, Egoismus, Elastizität, Epidemie, Erotik, Generator, Gouverneur, Grammatik, Hypnose, Hysterie, Illusion, Phänomen, Position, Raffinerie, Requiem, Rhythmus, Superlativ, Thriller.**

| | | |
|---|---|---|
| 1. | seelische Erkrankung von Frauen | |
| 2. | Selbstsucht | |
| 3. | seltene Erscheinung | |
| 4. | Seuche | |
| 5. | Sinnestäuschung | |
| 6. | sinnliche Liebe | |
| 7. | spannender Roman oder Film | |
| 8. | Spannkraft | |
| 9. | Spaßmacher im Zirkus | |
| 10. | Sprachlehre | |
| 11. | Sprengstoff | |
| 12. | Standort | |
| 13. | Statthalter | |
| 14. | Höchste Steigerungsstufe | |
| 15. | Sterndeutung | |
| 16. | strenge Vertraulichkeit erwartet | |
| 17. | Stromerzeuger | |
| 18. | taktmäßiges Ebenmaß der Musik | |
| 19. | teilnahmslos | |
| 20. | Tierbändiger | |
| 21. | Tischspiel mit Kugeln | |
| 22. | Totenmesse | |
| 23~ | Träger des Erbgutes | |
| 24. | Trancezustand | |
| 25. | Trennanlage für Ölprodukte | |

**104. Übung:** ***Fremdwörter X. Teil***

Bitte die folgenden Fremdwörter zu der dazugehörigen Beschreibung eintragen:

**Akrobat, anonym, Asyl, Bagatelle, Chiffre, Differenz, Dschungel, Ellipse, Embryo, Fossilien, Gentleman, Idealismus, identisch, illegal, Immunität, Imperfekt, Präteritum, Quartier, Razzia, Reliquie, Revanche, Revolution, Souffleur, souverän, Variation.**

| | | |
|---|---|---|
| 1. | Tumkünstler | |
| 2. | überraschende Polizeifahndung | |
| 3. | Überreste eines Heiligen | |
| 4. | unbedeutende Kleinigkeit | |
| 5. | unbekannt | |
| 6. | Unempfindlich gegen Krankheiten | |
| 7. | ungeborenes Kind | |
| 8. | ungesetzlich | |
| 9. | unrunder Kreis | |
| 10. | Unterbringungsheim | |
| 11. | Unterkunft | |
| 12. | Unterschied | |
| 13. | unumschränkt | |
| 14. | Urwald | |
| 15. | Veränderung | |
| 16. | Vergangenheit | |
| 17. | Vergangenheitsform (Grammatik) | |
| 18. | Vergeltung | |
| 19. | verschlüsselte Geheimzeichen | |
| 20. | Versteinerte Lebewesen | |
| 21. | Verwirklichung positiver Ideen | |
| 22. | Volksaufstand / Umsturz | |
| 23. | völlig gleich | |
| 24. | vornehmer und höflicher Mann | |
| 25. | Vorsager im Theater | |

## 105. Übung: *Fremdwörter XI. Teil*

Bitte die folgenden Fremdwörter zu der dazugehörigen Beschreibung eintragen:

**Akkusativ, Analyse, Annonce, Boiler, Caravan, Clique, Dahlie, defensiv, Disziplin, Eruption, feminin, Fusion, Futur, Guerilla, Hurrikan, Hydrant, Ideologie, indiskret, Inserat, Realität, Subtraktion, Sympathie, Taifun, Theologie, Thermostat.**

| | | |
|---|---|---|
| 1. | Vulkanausbruch | |
| 2. | Wärmereqler | |
| 3. | Warmwasserbereiter | |
| 4. | Wasser-Zapfstelle | |
| 5. | weiblich | |
| 6. | Weltanschauung | |
| 7. | Wen-Fall | |
| 8. | Widerstandskämpfer | |
| 9. | Wirbelsturm (amerikanisch) | |
| 10. | Wirbelsturm (indischer Ozean) | |
| 11. | Wirklichkeit | |
| 12. | Glaubenslehre | |
| 13. | Wohnwagen | |
| 14. | Zahlen abziehen | |
| 15. | Zeitungsanzeige (Kontaktanzeige) | |
| 16. | Zeitungsanzeige (Mrbung) | |
| 17. | Zergliederung/Untersuchung | |
| 18. | Zierpflanze | |
| 19. | Zucht / Ordnung | |
| 20. | zudringlich-nachfragend | |
| 21. | Zukunft | |
| 22. | Zuneigung | |
| 23. | zurückhaltend, verteidigend | |
| 24. | zusammengehörige Gruppe | |
| 25. | Zusammenschluß | |

### 106. Übung: Wörter, die man leicht verwechselt

Die folgenden Wörter klingen sehr ähnlich, sie haben aber immer eine andere Bedeutung z. B.: *der Wal* (-fisch) *die Wahl* (des Bürgermeisters) und *der Wall* (um die Stadt). Bitte das richtige Wort einsetzen:

| | |
|---|---|
| **Wal**<br>**Wall**<br>**Wahl** | **1. Die ______ des Kanzlers war gut.**<br>**2. Der riesige ______ schwamm im Atlantik.**<br>**3. Früher umgab ein hoher ______ die Stadt.** |
| **Herr**<br>**Heer** | **4. Ein gewisser ______ Schulze dient als Unteroffizier beim deutschen ______.** |
| **Bett**<br>**Beet** | **5. Niemand wusste, wie das Doppel-______ in das Blumen-______ gekommen war.** |
| **Rassen**<br>**Rasen** | **6. Bei der Hundeausstellung tollten viele Hunde-______ auf dem grünen ______.** |
| **Stall**<br>**Stahl** | **7. Der Elefanten-______ ist aus ______-beton.** |
| **Ratte**<br>**Rate** | **8. ______ einmal, was die ______ für ein Kunststück kann.** |
| **Enkel**<br>**Engel** | **9. Opas kleiner ______ hat einen himmlischen Schutz-______.** |
| **Hacken**<br>**Haken** | **10. Der Angel-______ hing am Schuh-______ fest.** |

| | |
|---|---|
| Feile<br>Pfeile | 11. Mit der Eisen-_______ machte der Indianer seine _________ spitz |
| Wagen<br>Waagen | 12. Er fuhr den Last-_________ zum Wiegen auf die beiden ___________, für jedes Rad eine. |
| Waise<br>weise | 13. Früher war er ein ________-kind nun ist er schon alt und ________. |
| Jacht<br>Jagd | 14. Erst zur Hasen-______, danach mit der _______ auf dem Meer segeln. |
| Greis<br>Kreis | 15. Der uralte ________ lief vor Langeweile im Altenheim immer im ________ herum. |
| Achsel<br>Axel | 16. Axel Meier kratzte sich unter der __________, weil es dort furchtbar juckte. |
| Saite<br>Seite | 17. Den Griff für den Ton „A“ auf der Gitarren-________ findet man im Lehrbuch auf der ________ 7. |
| Rad<br>Rat | 18. Ich brauche einen _____, wie man beim Auto ein Hinter-_____ auswechselt. |
| Mal<br>Mahl | 19. Auf dem Weg zum Abend-_______ kam er am Denk-_____ vorbei. |
| Lehrer<br>leerer | 20. Die Tasche des __________ wurde immer __________, während er die Arbeitshefte austeilte. |

| | |
|---|---|
| malen<br>mahlen | 21. Getreide muss der Müller ________, ein Bild kann nur der Künstler ________. |
| sang<br>sank | 22. Als das Schiff im Meer ver-______, da ______ der Matrose ein trauriges Lied. |
| fiel | 23. Er rannte immer _____ herum, einmal _____ er dabei hin und verletzte sich. |
| viel | 24. Sie hatte sehr _____ Schmerzen im Knie, als sie beim Tanzen hin-_____. |
| war | 25. Ist das wirklich _______, dass er in Amerika _____? |
| wahr | 26. Ob die Geschichte ____________, wusste niemand so ganz genau. |
| bieten<br>bitten | 27. Ich möchte doch sehr darum ________, mir etwas Vernünftiges anzu-________. |
| stellen<br>stehlen | 28. Diebe __________, was andere sich in die Wohnung __________. |
| den<br>denn | 29. Kannst du _____ Tisch ______ überhaupt tragen ? |
| im<br>ihm | 30. ___ Aufsatz hat Hendrik eine Eins, ich glaube in _____ steckt noch sehr viel. |
| bis<br>biss | 31. Der Hund _____ ins Bein des Mannes, _____ dieser schleunigst weglief. |

| | |
|---|---|
| lies<br>ließ | 32. Bitte, ______ mir noch einmal die Geschichte von der Mutter vor, die ihr Kind alleine ______ . |
| seid<br>seit | 33. Ich bin ______ gestern hier, wann ______ ihr gekommen ? |
| säen<br>sehen | 34. Der Bauer konnte ohne seine Brille schlecht ______ , wo er noch Korn ______ musste. |
| reist<br>reißt | 35. Hans ______ mit seinem Auto nach Paris, unterwegs ______ ihm sein Keilriemen. |
| bald<br>ballt | 36. Kurt hänselt Klaus; ich glaube, dass Klaus ______ seine Faust ______ . |
| hast<br>hasst | 37. Der Chef ______ es, wenn du nichts zu tun ______ . |
| fast<br>fasst | 38. Er aß so viel wie sein Bauch ______ , nämlich ______ den ganzen Kuchen. |
| ist<br>isst | 39. Wer bei jeder Mahlzeit immer alles auf-______ , das ______ ein braves Kind. |
| Laib<br>Leib | 40. Wer einen ganzen Brot-______ auf einmal isst, der bekommt fürchterliche ______-schmerzen. |
| Lider<br>Lieder | 41. Sie sangen nächtelang ______ , bis ihnen die Augen-______ zufielen. |

| | |
|---|---|
| Mine<br>Miene | 42. Er machte keine gute ________, als er in die Bergwerks-_______ stürzte. |
| Bote<br>Boote | 43. Der Post-_______ ruderte so schnell zu der Insel, dass er andere ________ überholte. |
| Ferse<br>Verse | 44. Drei ________ seines Liedes handelten von den Blasen an der ________ vom vielen Wandern. |
| Lärche<br>Lerche | 45. Die __________ saß auf einer __________ im Wald. |
| Mohr<br>Moor | 46. Es wuchsen ________-rüben im sumpfigen ________. |
| Waise<br>Weise | 47. Auf diese ________ ist bei dem ________-kind nichts zu erreichen. |
| Bären<br>Beeren | 48. Alle Braun-_________ fressen schrecklich gerne Him-___________. |
| Leere<br>Lehre | 49. Astronomie ist die ________ über die unendliche ________ des Weltalls. |
| spuken<br>spucken | 50. Wenn nachts die Gespenster __________, hilft es wirklich nichts, sie anzu-____________. |
| strafen<br>straffen | 51. Die Segel _____________ sich im Wind, der Kapitän muss den faulen Matrosen be-____________. |
| legt<br>leckt | 52. Die Katze ________ sich ihre Lippen, weil das Huhn gerade ein Ei ______. |

| | |
|---|---|
| tränen<br>trennen | 53. Meine Augen ________, weil wir uns voneinander ________ müssen. |
| pieken<br>picken | 54. Wenn die Spatzen uns die Körner aus den Händen ________, dann kann das ganz schön ________. |
| haken<br>hacken | 55. Du musst den Griff dort in die Hacke ein-________, dann kannst du das Unkraut aus der Erde ________. |
| wir<br>wirr | 56. Das war wohl ziemlich ________, was ____ ihm gerade erzählt haben. |
| zählten<br>zelten | 57. Wir ________ unser letztes Geld, um dort auf dem Campingplatz noch ________ zu können. |
| Gasen<br>Gassen | 58. In manchen dunklen ________ roch es nach giftigen ________. |
| Scharen<br>scharren | 59. Ganze Hühner-________ ________ ________ auf dem Misthaufen nach Würmern. |
| Kelle<br>Kehle | 60. Suppe schöpft man mit der ________, dann fließt sie meist durch die ________. |
| Schal<br>Schall | 61. Ein dicker ________ um die Ohren hilft manchmal gegen lauten ________. |
| Schrot<br>Schrott | 62. Auf dem ________-platz schoss er mit dem ________-Gewehr. |

**107. Übung: *Gegenstände abzählen***

Bitte auf dieser und der gegenüberliegenden Seite die Anzahl folgender Gegenstände zählen:

| Gegenstand | Anzahl auf dieser Seite | Anzahl auf der nächsten Seite | Gesamt |
|---|---|---|---|
| ENTEN | | | |

## 108. Übung: *Gegenstände abzählen*

Bitte auf dieser und der gegenüberliegenden Seite die Anzahl folgender Gegenstände zählen:

| Gegenstand | Anzahl auf dieser Seite | Anzahl auf der nächsten Seite | Gesamt |
|---|---|---|---|
| EIN-CENTSTÜCKE | | | |
| BLUMEN | | | |

## 109. Übung: *Gegenstände abzählen*

Bitte auf dieser <u>und</u> der gegenüberliegenden Seite die Anzahl folgender Gegenstände zählen:

| Gegenstand | Anzahl auf dieser Seite | Anzahl auf der nächsten Seite | Gesamt |
|---|---|---|---|
| SCHEREN | | | |
| STERNE | | | |
| HERZEN | | | |

## 110. Übung: *Gegenstände abzählen*

Bitte auf dieser und der gegenüberliegenden Seite die Anzahl folgender Gegenstände zählen:

| Gegenstand | Anzahl auf dieser Seite | Anzahl auf der nächsten Seite | Gesamt |
|---|---|---|---|
| GLÜHBIRNEN | | | |
| KERZEN | | | |
| SONNEN | | | |
| LAMPEN | | | |

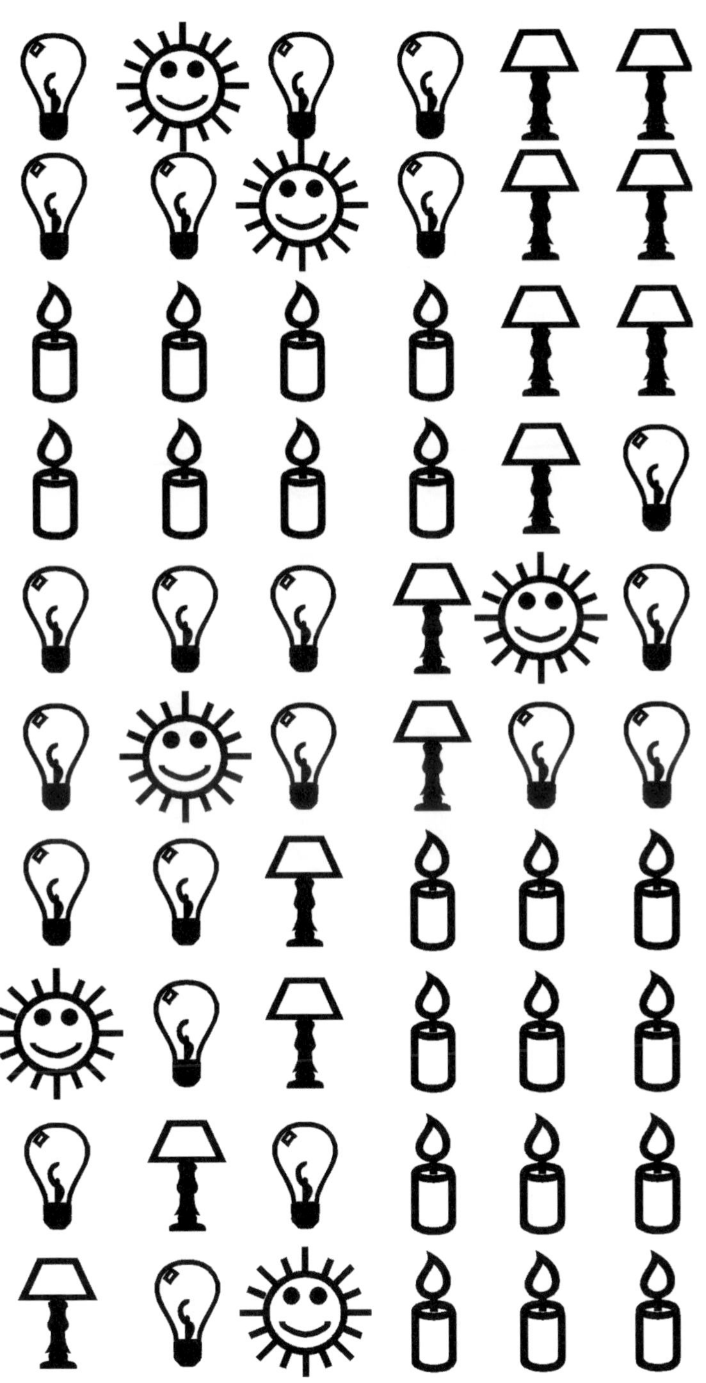

## 111. Übung: *Gegenstände abzählen*

Bitte auf dieser und der gegenüberliegenden Seite die Anzahl folgender Tiere zählen:

| | **Gesamt** |
|---|---|
| Wieviel Tiere sind abgebildet, die schwimmen können? | |
| Wieviel Tiere sind abgebildet, die fliegen können? | |

## 112. Übung: *Grundrechenarten Addition*

Bitte die folgenden Aufgaben ausrechnen:

| | | | | | |
|---|---|---|---|---|---|
| 3 + 2 = | | 20 + 5 = | | 35 + 5= | |
| 6 + 1 = | | 25 +4 = | | 46 + 4 = | |
| 8 + 2 = | | 23 + 6 = | | 58 + 2 = | |
| 4 + 3 = | | 21 + 10 = | | 79 + 11 = | |
| 7 + 5 = | | 26 + 4 = | | 82 + 12 = | |
| 9 + 6 = | | 27 + 7 = | | 66 + 24 = | |
| 5 + 4 = | | 22 + 12 = | | 43 + 13 = | |
| 10 + 7 = | | 30 + 19 = | | 42 + 42 = | |
| 12 + 6 = | | 27 + 18 = | | 37 + 53 = | |
| 14 + 5 = | | 23 + 13 = | | 77 + 23 = | |
| 13 + 5 = | | 29 + 19 = | | 59 + 31 = | |
| 11 + 8 = | | 24 + 14 = | | 49 + 32 = | |

Bitte jeweils die Zahlen am Kopf von Zeile und Spalte zusammenzählen und das Ergebnis in das entsprechende Feld eintragen:

| | 329 | 527 | 489 | 602 | 456 |
|---|---|---|---|---|---|
| + 226 | = | = | = | = | = |
| + 139 | = | = | = | = | = |
| + 288 | = | = | = | = | = |
| + 286 | = | = | = | = | = |
| + 543 | = | = | = | = | = |

## 113. Übung: *Grundrechenarten Subtraktion*

Bitte die folgenden Aufgaben ausrechnen:

| | | | | | |
|---|---|---|---|---|---|
| 3 − 2 = | | 20 − 5 = | | 35 − 5 = | |
| 6 − 1 = | | 25 − 4 = | | 46 − 4 = | |
| 8 − 2 = | | 23 − 6 = | | 58 − 2 = | |
| 4 − 3 = | | 21 − 10 = | | 79 − 11 = | |
| 7 − 5 = | | 26 − 4 = | | 82 − 12 = | |
| 9 − 6 = | | 27 − 7 = | | 66 − 24 = | |
| 5 − 4 = | | 22 − 12 = | | 43 − 13 = | |
| 10 − 7 = | | 30 − 19 = | | 42 − 22 = | |
| 12 − 6 = | | 27 − 18 = | | 37 − 23 = | |
| 14 − 5 = | | 23 − 13 = | | 77 − 23 = | |
| 13 − 5 = | | 29 − 19 = | | 59 − 31 = | |
| 11 − 8 = | | 24 − 14 = | | 49 − 32 = | |

Bitte jeweils die Zahlen am Kopf von Zeile und Spalte zusammenzählen und das Ergebnis in das entsprechende Feld eintragen:

| | 445 | 555 | 682 | 765 | 994 |
|---|---|---|---|---|---|
| −334 | = | = | = | = | = |
| −333 | = | = | = | = | = |
| −349 | = | = | = | = | = |
| −321 | = | = | = | = | = |
| −439 | = | = | = | = | = |

**114. Übung:** ***Grundrechenarten Multiplikation***

Bitte die folgenden Multiplikationstabellen ausfüllen, indem die Zahlen aus der Kopfzeile mit denen aus der ersten Spalte malgenommen werden und das Ergebnis in das entsprechende leere Feld eingetragen wird:

| | 1 | 2 | 3 | 4 | 5 | 6 | 7 | 8 | 9 | 10 |
|---|---|---|---|---|---|---|---|---|---|---|
| • 2 | | 4 | | | | | | | | |
| • 3 | | | 9 | | | | | | | |
| • 4 | | | | 16 | | | | | | |
| • 5 | | | | | 25 | | | | | |
| • 6 | | | | | | 36 | | | | |
| • 7 | | | | | | | 49 | | | |
| • 8 | | | | | | | | 64 | | |
| • 9 | | | | | | | | | 81 | |
| • 10 | | | | | | | | | | 100 |

| | 11 | 12 | 13 | 14 | 15 | 16 | 17 | 18 | 19 | 20 |
|---|---|---|---|---|---|---|---|---|---|---|
| • 2 | | 24 | | | | | | | | |
| • 3 | | | 39 | | | | | | | |
| • 4 | | | | 56 | | | | | | |
| • 5 | | | | | 75 | | | | | |
| • 6 | | | | | | 96 | | | | |
| • 7 | | | | | | | 119 | | | |
| • 8 | | | | | | | | 144 | | |
| • 9 | | | | | | | | | 171 | |
| • 10 | | | | | | | | | | 200 |

## 115. Übung: *Grundrechenarten Division*

Bitte die folgenden Aufgaben ausrechnen:

| | | | | | |
|---|---|---|---|---|---|
| 6 : 2 = | | 24 : 12 = | | 275 : 5 = | |
| 8 : 4 = | | 55 : 11 = | | 396 : 6 = | |
| 9 : 3 = | | 39 : 13 = | | 539 : 7 = | |
| 12 : 4 = | | 56 : 14 = | | 704 : 8 = | |
| 20 : 5 = | | 72 : 18 = | | 891 :9 = | |
| 16 : 4 = | | 95 : 19 = | | 123 : 3 = | |
| 25 : 5 = | | 90 : 15 = | | 456 : 6 = | |
| 32 : 8 = | | 112 : 16 = | | 789 : 3 = | |
| 56 : 8 = | | 119 : 17 = | | 492 : 4 = | |
| 49 : 7 = | | 117 : 13 = | | 912 : 2 = | |
| 42 : 6 = | | 112 : 14 = | | 3945 : 5 = | |
| 27 : 9 = | | 153 : 17 = | | 8991 : 9 = | |

Bitte jeweils die Zahlen am Kopf von Zeile und Spalte zusammenzählen und das Ergebnis in das entsprechende Feld eintragen:

| | 240 | 360 | 480 | 600 | 720 |
|---|---|---|---|---|---|
| : 2 | = | = | = | = | = |
| : 4 | = | = | = | = | = |
| : 6 | = | = | = | = | = |
| : 8 | = | = | = | = | = |
| : 10 | = | = | = | = | = |

## 116. Übung: *Textaufgaben*

Bitte die folgenden Textaufgaben ausrechnen:

1. **Seit seinem 15. Geburtstag trinkt Herr Müller regelmäßig jeden Abend eine Flasche Bier, weil er danach besser einschlafen kann. Heute, an seinem 75. Geburtstag, interessiert es ihn, wie viele Flaschen er auf diese Weise wohl schon getrunken hat?**

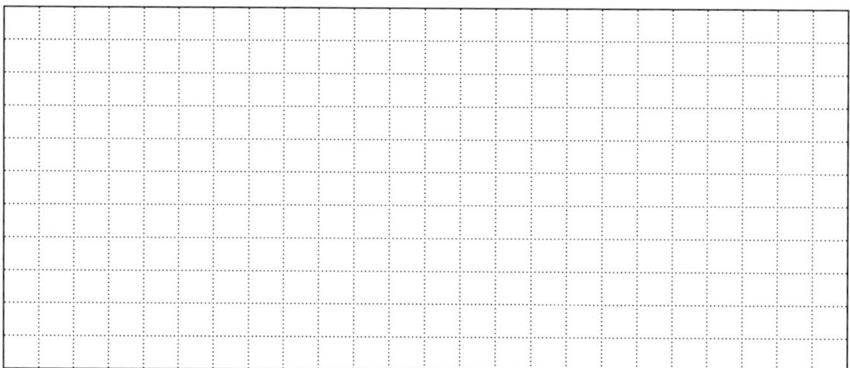

2. **Statt jedesmal für 2,30 Euro eine Fahrkarte für die Straßenbahn zu kaufen, fahren Andreas, Guido und Michael lieber schwarz. Sie wetten, wer es am längsten schafft nicht erwischt zu werden. Als erster wird Guido nach nur 7 Schwarzfahrten vom Kontrolleur ertappt und muss 40,– Euro „erhöhtes Fahrgeld" zahlen. Michael schafft immerhin 15 Schwarzfahrten, bis auch er dem Kontrolleur 40,– Euro Strafe hinüberreichen muss. Andreas hat 22 unbezahlte Straßenbahnfahrten auf seiner Liste als schließlich auch er Opfer des unerbittlichen Kontrolleurs wird. Wie viel Geld hätten die drei Freunde sparen können, wenn sie immer brav Fahrkarten gekauft hätten?**

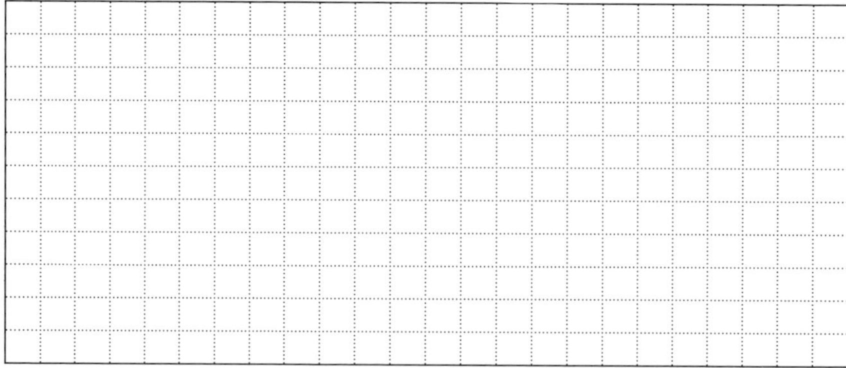

3. Ein Versicherungsunternehmen bietet eine Krankenhaus-Tagegeld-Versicherung an. Für jeden Tag, den er im Krankenhaus verbringt, soll Herr Schulze künftig 50,– Euro bekommen. Die Versicherung wirbt damit, dass diese Zusatzversicherung nur 50 Cent pro Tag kostet: *„Ist Ihnen Ihre Gesundheit das denn nicht wert?"*. Herr Schulze schließt diese Versicherung ab. In 25 Jahren war er insgesamt tatsächlich 60 Tage im Krankenhaus und hat von der Versicherung das Tagegeld kassiert, das ihm über seine Schmerzen hinweggeholfen hat. Hat Herr Schulze wirklich ein Geschäft gemacht?

4. Herr Schmidt hat am Sonntagnachmittag ein Taschenbuch ganz durchgelesen. Der Kriminalroman hatte genau 222 Seiten. Auf jeder Seite waren durchschnittlich 429 Worte. Jedes Wort hatte durchschnittlich 7 Buchstaben. Wie viele Buchstaben hat Herr Schmidt insgesamt gelesen?

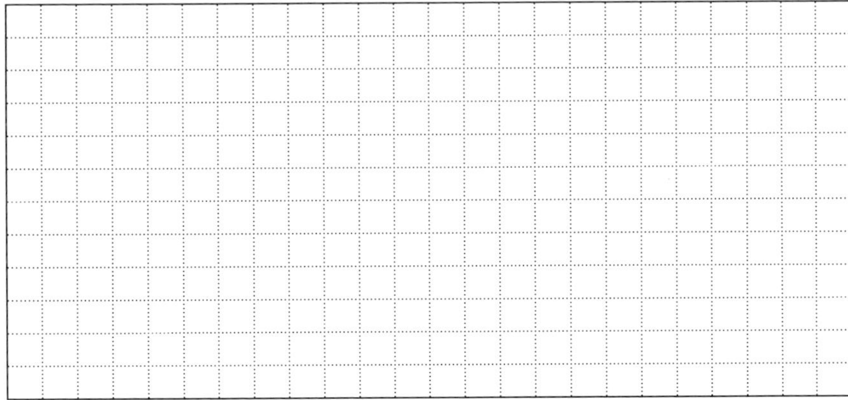

5. Herr Meier ist recht nervös und schluckt deshalb jeden Tag 6 Beruhigungstabletten. Nachts nimmt er zusätzlich eine Tablette eines Schlafmittels, weil er nicht einschlafen kann und morgens ist er dann so tranig, dass er auch noch zwei Coffein-Tabletten einnimmt. Durch die vielen Medikamente hat er oft Kopfschmerzen und nimmt deshalb auch noch pro Woche drei Kopfschmerztabletten. Wie viele Tabletten schluckt er im ganzen Jahr?

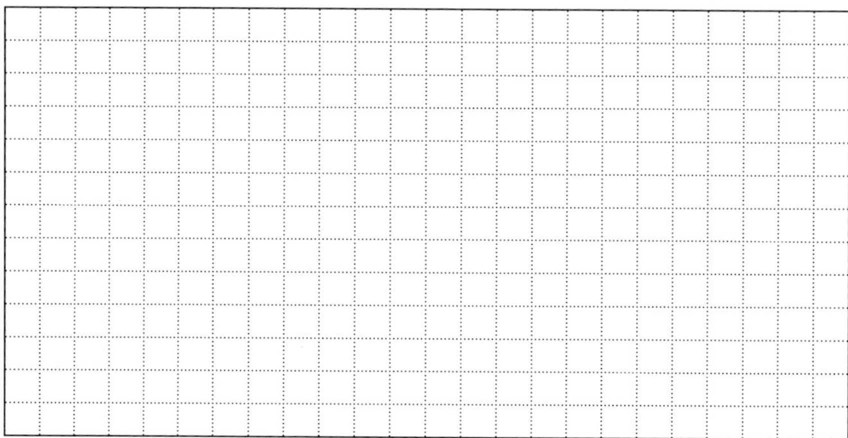

6. Frau Neumann möchte sich einen Computer kaufen, sie hat aber nur 350,– Euro. Der Computer dagegen kostet 850,– Euro. Um die fehlenden 500,– Euro Geld einzusparen, entschließt sie sich, mit dem Rauchen aufzuhören und das Geld stattdessen ins Sparschwein zu stecken. Sie raucht 12 Zigaretten pro Tag. Die Schachtel mit 20 Zigaretten kostet genau 5,00 Euro. Wird sie es schaffen, das Geld in einem Jahr zu sparen?

7. **Aus Langeweile zupft Peter, während er an der Normaluhr auf seine Verabredung wartet, die Blütenblättern seines Blumenstraußes ab, um festzustellen ob Petra ihn liebt. Der Reim geht: *„Sie liebt mich …“*; 1. Blatt = *„… von Herzen“*, 2. Blatt = *„…mit Schmerzen“*, 3. Blatt = *„… ein wenig“*, 4. Blatt = *„… fast gar nicht“*, 5. Blatt = *„… überhaupt nicht“*. Dann fängt der Reim wieder von vorne an und so weiter. Der Strauß hatte 346 Blütenblätter. Zu welchem Schluss kommt Peter, nachdem er das letzte Blütenblatt abgerissen hat?**

8. **Harald verteilt kostenlose Werbezeitschriften in Briefkästen. Er bekommt pro Zeitung, die er austeilt, 5 Cent. Wie viele Zeitungen muss er pro Minute in Briefkästen stecken, um auf einen Stundenlohn von 12,– Euro zu kommen?**

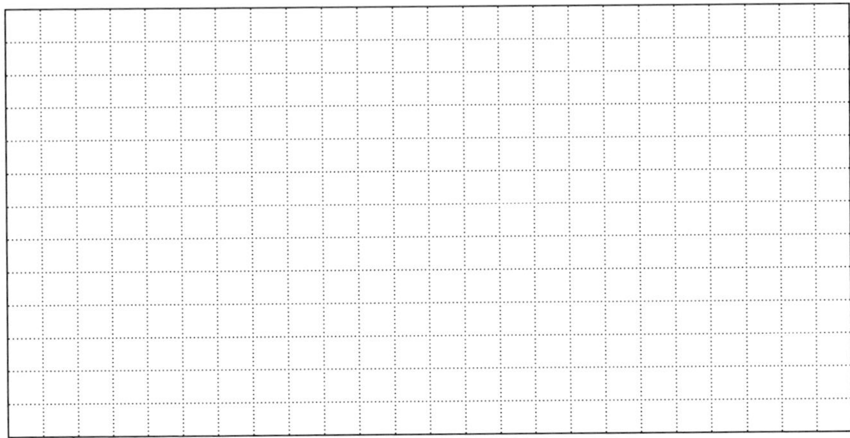

9. Eine Raupe möchte ihre Verwandten besuchen, die 1,4 km entfernt im Kohlbeet wohnen. Sie macht sich am frühen Morgen des 5. Aprils auf den Weg und schafft eine Strecke von rund 200 cm pro Stunde. Sie kriecht, ohne zu verschnaufen, so lange wie es hell ist, das sind im Sommerhalbjahr durchschnittlich 14 Stunden pro Tag. Wann kommt sie an? Wann muss sie aufbrechen, wenn sie am 13. Juli, dem Geburtstag ihrer Mutter, wieder zurück sein will?

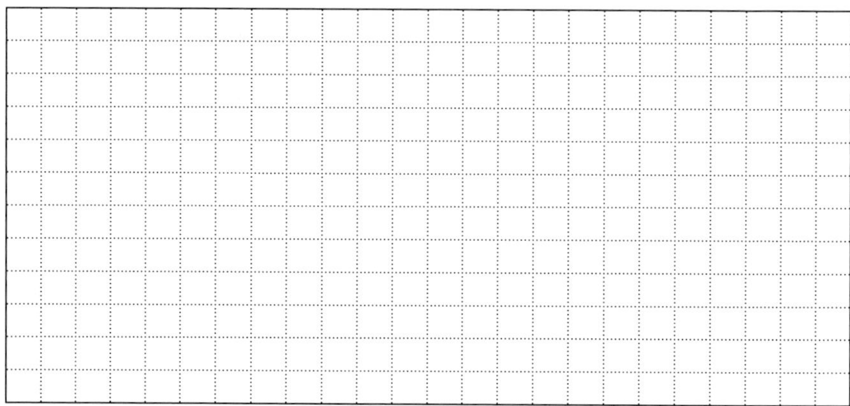

10. Erika fährt am Wochenende mit der Deutschen Bundesbahn, um ihren Freund zu besuchen. Der Zug nach München, wo ihr Freund Erik wohnt, fährt um 9.48 Uhr in Hamburg ab und kommt um 17.12 Uhr in München an. Pro Minute denkt sie mindestens zehnmal an ihren Erik. Wie oft hat sie dann mindestens an ihren Freund gedacht, nachdem der Zug in München angekommen ist?

11. Seit seinem dritten Geburtstag bekommt der kleine Bernhard jede Woche genau so viel Taschengeld, wie er in Jahren zählt. Ab seinem dritten Geburtstag also 3,– Euro pro Woche, im vierten Jahr 4,– Euro pro Woche und so weiter. Bernhard gibt regelmäßig die Hälfte des Geldes aus und spart die andere Hälfte in seiner Spardose unter dem Bett. In seinem 18. Lebensjahr gibt er 2.000,– Euro von diesem Geld aus, um den Führerschein zu machen. Hat er noch genug Geld übrig, um sich für 2.500,– ein altes Motorrad zu kaufen?

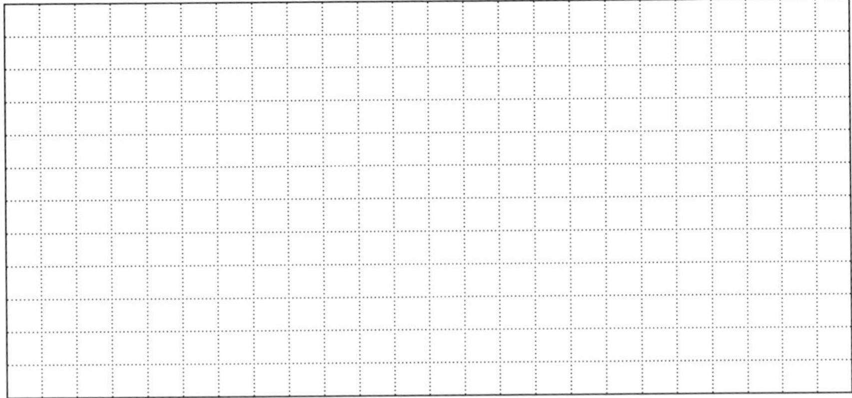

12. Ein reicher Amerikaner will in Deutschland ein Brillanten-Kollier für 8.050,– Euro kaufen und seiner Frau zum Goldenen Hochzeitstag schenken. Der Preis beinhaltet natürlich 19 % deutsche Mehrwertsteuer. Die muss der Amerikaner aber nicht bezahlen, da er das Schmuckstück ja mit nach Hause nehmen will. Wie viel kostet das Kollier ohne die Mehrwertsteuer?

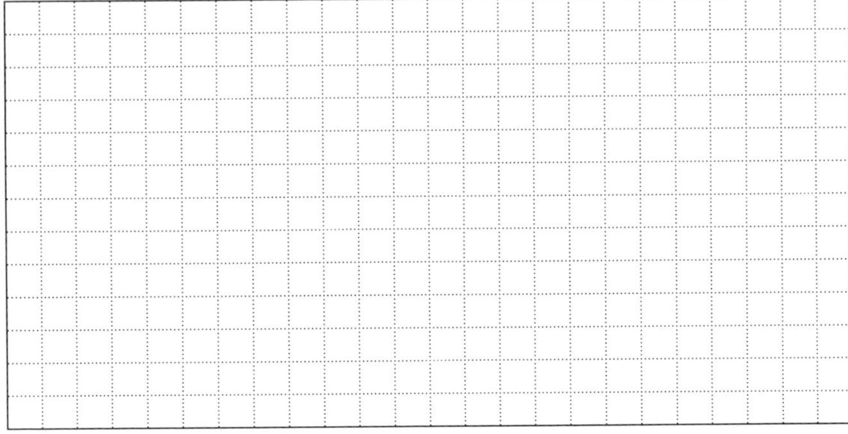

13. Herr Bergmann verdient brutto 3.960,– Euro im Monat, aber jedesmal wenn er seine Gehaltsabrechnung sieht, dann schimpft er wie ein Rohrspatz. Insgesamt hat er 1.782,– Euro Abzüge. Wieviele Cent von jedem Euro gibt Herr Bergmann an Vater Staat ab? Wie viele Monate pro Jahr arbeitet er bei diesem Prozentsatz für sich selbst und wie lange für die Abzüge?

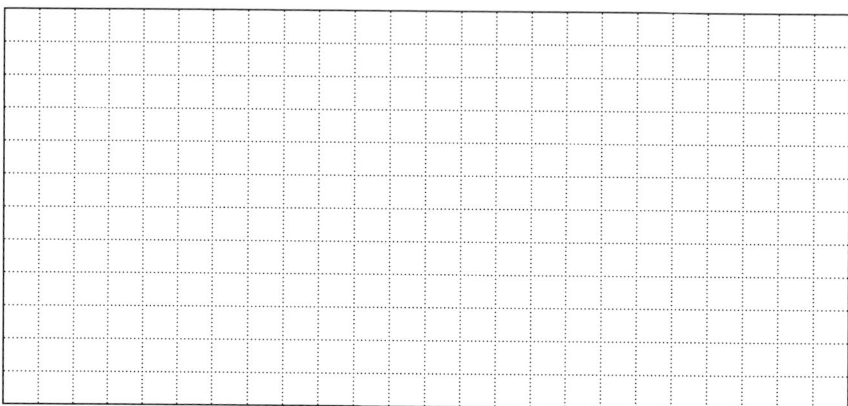

14. Herr Müller-Schmidt muss nach Mannheim. Er fährt morgens um 6.30 Uhr in Lübeck mit seinem Mercedes 500 SL los und hat um 7.30 Uhr die 85 km bis Hamburg Fuhlsbüttel geschafft. Das Flugzeug fliegt um 8.00 Uhr, schon 45 Minuten später ist er im 423 km entfernten Frankfurt. Dort hat er 30 Minuten Zeit, bis sein Anschlusszug fährt. Der Zug braucht für die 80 km immerhin weitere 45 Minuten. Am Hauptbahnhof nimmt Herr Müller-Schmidt sich ein Taxi, das leider im Stau steckenbleibt. Dadurch braucht er für die letzten 12 km ganze 40 Minuten. Wie hoch ist seine Durchschnittsgeschwindigkeit?

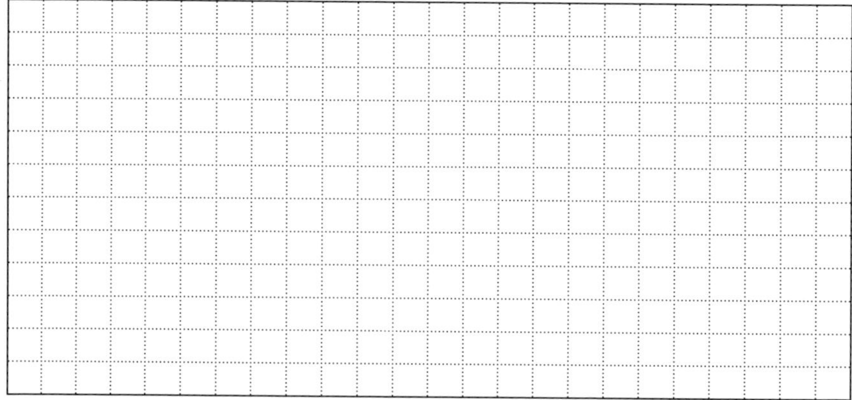

**117. Übung:** ***Zahlenreihen fortsetzen***

Bitte die fehlende Zahl in folgenden Zahlenreihen aufgrund einer logischen, mathematischen Überlegung einfügen:

| | | | | | | |
|---|---|---|---|---|---|---|
| 1. | 1 | 2 | 3 | 4 | ______ | 6 |
| 2. | 17 | 20 | 23 | 26 | ______ | 32 |
| 3. | 60 | 53 | 46 | 39 | ______ | 25 |
| 4. | 95 | 85 | 75 | 65 | ______ | 45 |
| 5. | 3 | 36 | 69 | 102 | ______ | 168 |
| 6. | 88 | 77 | 66 | 55 | ______ | 33 |
| 7. | 603 | 504 | 405 | 306 | ______ | 108 |
| 8. | 4 | 9 | 16 | 25 | ______ | 49 |
| 9. | 180 | 198 | 216 | 234 | ______ | 270 |
| 10. | 150 | 140 | 120 | 90 | ______ | 0 |
| 11. | 1 | 3 | 6 | 10 | ______ | 21 |
| 12. | 2 | 4 | 8 | 16 | ______ | 64 |
| 13. | 729 | 243 | 81 | 27 | ______ | 3 |
| 14. | 5 | 7 | 11 | 13 | ______ | 19 |
| 15. | 121 | 144 | 169 | 196 | ______ | 256 |
| 16. | 3600 | 600 | 120 | 30 | ______ | 5 |
| 17. | 90 | 80 | 75 | 65 | ______ | 50 |
| 18. | 176 | 121 | 77 | 44 | ______ | 11 |
| 19. | 1 | 4 | 27 | 256 | ______ | 46656 |

## 118. Übung: *Partnertest*

Wie gut kennen Sie eigentlich Ihren Partner, mit dem Sie schon jahrelang oder vielleicht sogar über Jahrzehnte hinweg zusammenleben? Kennen Sie wirklich seine bzw. ihre Vorlieben und Abneigungen? Der folgende Test erlaubt einen kleinen Vergleich.

Der Mann: Bitte füllen Sie zunächst den Fragebogen-Teil *„Mann – selbst“* aus und schreiben Sie zu den Fragen, die dort über Ihre Vorlieben und Abneigungen stehen, die Antwort hinein. Füllen Sie dann den *Fragebogen „Meine Frau“* aus. Schreiben Sie dort hinein, was Sie über die Vorlieben und Abneigungen Ihrer Partnerin wissen oder glauben.

Die Frau: Bitte füllen Sie zunächst den Fragebogenteil *„Frau – selbst“* aus und schreiben Sie zu den Fragen, die dort über Ihre Vorlieben und Abneigungen stehen, die Antwort hinein. Füllen Sie dann den Fragebogen *„Mein Mann“* aus. Schreiben Sie dort hinein, was Sie über die Vorlieben und Abneigungen Ihres Partners wissen oder glauben.

Vergleichen Sie dann die ausgefüllten Fragebögen. Wieviel Vorlieben und Abneigungen seiner Frau konnte der Mann richtig beschreiben, wieviel Vorlieben und Abneigungen ihres Mannes kannte die Frau? Vergeben Sie für jede Übereinstimmung einen Punkt.

**Mann selbst: Vorlieben und Abneigungen**

| | | |
|---|---|---|
| 1. | Mein Lieblingsessen: | |
| 2. | Diese Speisen mag ich gar nicht: | |
| 3. | Lieblingsmusik: | |
| 4. | Meine Lieblingsfarbe: | |
| 5. | Im Fernsehen sehe ich besonders gerne: | |
| 6. | Lieblingsgetränk: | |
| 7. | Am liebsten lese ich: | |
| 8. | Der fähigste Politiker: | |
| 9. | Der beste Schauspieler war (ist): | |
| 10. | Diese Tätigkeiten machen mir Spaß: | |
| 11. | Diese Tätigkeiten hasse ich: | |
| 12. | Der schönste Tag in meinem Leben war: | |
| 13. | Ich habe Angst vor: | |
| 14. | Ich ekele mich vor: | |
| 15. | Mein Hobby ist: | |
| 16. | Im Urlaub fahre ich am liebsten nach: | |
| 17. | Mein Lieblingstier ist: | |

## Meine Frau: Vorlieben und Abneigungen

| | | |
|---|---|---|
| 1. | Ihr Lieblingsessen : | |
| 2. | Diese Speisen mag sie gar nicht: | |
| 3. | Ihre Lieblingsmusik: | |
| 4. | Ihre Lieblingsfarbe: | |
| 5. | Im Fernsehen sieht sie besonders gerne: | |
| 6. | Ihr Lieblingsgetränk: | |
| 7. | Am liebsten liest sie: | |
| 8. | Lieblings-Politiker: | |
| 9. | Ihr Lieblings-Schauspieler: | |
| 10. | Diese Tätigkeiten machen ihr Spaß: | |
| 11. | Diese Tätigkeiten hasst sie: | |
| 12. | Der schönste Tag in ihrem Leben war: | |
| 13. | Sie hat Angst vor: | |
| 14. | Sie ekelt sich vor: | |
| 15. | Ihr Hobby ist: | |
| 16. | Im Urlaub fährt sie am liebsten nach: | |
| 17. | Ihr Lieblingstier ist: | |

## Frau selbst: Vorlieben und Abneigungen

| | | |
|---|---|---|
| 1. | **Mein Lieblingsessen:** | |
| 2. | **Diese Speisen mag ich gar nicht:** | |
| 3. | **Lieblingsmusik:** | |
| 4. | **Meine Lieblingsfarbe:** | |
| 5. | **Im Fernsehen sehe ich besonders gerne:** | |
| 6. | **Lieblingsgetränk:** | |
| 7. | **Am liebsten lese ich:** | |
| 8. | **Der fähigste Politiker:** | |
| 9. | **Der beste Schauspieler war (ist):** | |
| 10. | **Diese Tätigkeiten machen mir Spaß:** | |
| 11. | **Diese Tätigkeiten hasse ich:** | |
| 12. | **Der schönste Tag in meinem Leben war:** | |
| 13. | **Ich habe Angst vor:** | |
| 14. | **Ich ekele mich vor:** | |
| 15. | **Mein Hobby ist:** | |
| 16. | **Im Urlaub fahre ich am liebsten nach:** | |
| 17. | **Mein Lieblingstier ist:** | |

## Mein Mann: Vorlieben und Abneigungen

| | | |
|---|---|---|
| 1. | Sein Lieblingsessen: | |
| 2. | Diese Speisen mag er gar nicht: | |
| 3. | Lieblingsmusik: | |
| 4. | Seine Lieblingsfarbe: | |
| 5. | Im Fernsehen sieht er besonders gerne: | |
| 6. | Lieblingsgetränk: | |
| 7. | Am liebsten liest er: | |
| 8. | Lieblings-Politiker: | |
| 9. | Sein Lieblings-Schauspieler: | |
| 10. | Diese Tätigkeiten machen ihm Spaß: | |
| 11. | Diese Tätigkeiten hasst er: | |
| 12. | Der schönste Tag in seinem Leben war: | |
| 13. | Er hat Angst vor: | |
| 14. | Er ekelt sich vor: | |
| 15. | Sein Hobby ist: | |
| 16. | Im Urlaub fährt er am liebsten nach: | |
| 17. | Sein Lieblingstier ist: | |

## 119. Übung: *Lebenslauf*

Nach einer Hirnschädigung oder bei einer Demenz kann es geschehen, dass große Teile der eigenen Lebensgeschichte schlichtweg vergessen werden. Der folgende Fragebogen soll helfen, wichtige Lebensereignisse zu erfragen (notfalls bei den Verwandten des Betroffenen). Sobald man diese Daten hat, kann man dem Erkrankten Fragen hierzu stellen. Oft lassen sich Teile des Gedächtnisses wieder reaktivieren, wenn die Inhalte immer und immer wieder abgefragt werden.

| | | |
|---|---|---|
| 1. | *Wie hieß Ihr Vater? Woher kam er?* | |
| 2. | *Wie hieß Ihre Mutter? Woher kam sie?* | |
| 3. | *Welchen Beruf hatte Ihr Vater?* | |
| 4. | *Hat Ihre Mutter einen Beruf erlernt?* | |
| 5. | *Wie viele Geschwister haben Sie?* | |
| 6. | *Wie heißen Ihre Geschwister?* | |
| 7. | *Wann wurden Sie selbst geboren?* | |
| 8. | *Wo, in welcher Stadt, wurden Sie geboren?* | |
| 9. | *Wann und wo kamen Sie zur Schule?* | |
| 10. | *Wie hieß Ihr erster Lehrer oder Ihre erste Lehrerin?* | |
| 11. | *Wissen Sie noch die Namen anderer Lehrer?* | |
| 12. | *Wissen Sie noch die Namen von Schulkameraden?* | |
| 13. | *Welche Schulen haben Sie besucht?* | |
| 14. | *Was war damals Ihr schönstes Weihnachts- oder Geburtstagsgeschenk?* | |

| | |
|---|---|
| 15. *Welchen Beruf haben Sie erlernt?* | |
| 16. *Wissen Sie noch die Namen von Jugendfreunden?* | |
| 17. *Wann waren Sie mit der Berufsausbildung fertig?* | |
| 18. *Wo und als was haben Sie als Erstes gearbeitet?* | |
| 19. *Wie viel haben Sie damals am Anfang verdient?* | |
| 20. *Haben Sie Ihre Arbeitsstelle gewechselt?* | |
| 21. *Wissen Sie noch Namen von Kollegen oder Chefs?* | |
| 22. *Sind Sie auch befördert worden?* | |
| 23. *Wann haben Sie den Führerschein gemacht?* | |
| 24. *Was war Ihr erstes Fahrzeug (Auto, Motorrad)?* | |
| 25. *Wie haben Sie Ihren Ehepartner kennen gelernt?* | |
| 26. *Wie heißt Ihr Ehepartner, wann Geburtstag?* | |
| 27. *Wann haben Sie geheiratet?* | |
| 28. *Wie viele Kinder haben Sie, wann wurden die geboren?* | |
| 29. *Wie heißen Ihre Kinder, wo leben diese jetzt?* | |
| 30. *Was machen Ihre Kinder jetzt (Arbeit, Partner)?* | |
| 31. *Haben Sie schon Enkel?* | |
| 32. *Sind Sie geschieden oder verwitwet? Wann?* | |
| 33. *Waren Sie schon einmal im Krankenhaus? Weshalb?* | |

| | | |
|---|---|---|
| 34. | *Hatten Sie schon einmal einen Unfall?* | |
| 35. | *Wohin sind Sie im Urlaub meist gefahren?* | |
| 36. | *Sind Sie auch im Ausland gewesen? Wann, wo?* | |
| 37. | *Was war die teuerste Anschaffung in Ihrem Leben?* | |
| 38. | *Gab es besonders wichtige Ereignisse in Ihrem Leben?* | |
| 39. | *Was war das schönste Erlebnis in Ihrem Leben?* | |
| 40. | *Gab es ein besonders trauriges Ereignis?* | |
| 41. | *Was war das schrecklichste Erlebnis in Ihrem Leben?* | |
| 42. | *Haben Sie einmal großes Glück oder Pech gehabt?* | |
| 43. | *Wissen Sie die Namen von einigen Verwandten?* | |
| 44. | *Was machen Ihre Geschwister heute?* | |
| 45. | *Haben Sie Neffen oder Nichten?* | |
| 46. | *Haben Sie Bekannte oder sogar gute Freunde?* | |
| 47. | *Falls die Eltern nicht mehr leben: wann gestorben?* | |
| 48. | *Wissen Sie noch Adressen, wo Sie früher wohnten?* | |
| 49. | *Wo wohnen Sie jetzt (Straße, Ort)? Seit wann?* | |
| 50. | *Wie heißen Ihre Nachbarn?* | |

## 120. Übung: *Schreiben mit dem Taschenrechner*

Dass man mit einem Taschenrechner rechnen kann ist klar, aber die wenigsten Leute wissen, dass man damit auch schreiben kann? Wenn man einen Taschenrechner umdreht und die Zahlen auf dem Kopf stehend liest, dann haben einige große Ähnlichkeit mit Buchstaben. Die Zahl „38317" zum Beispiel liest sich umgedreht als das Wort „LIEBE". Die Aufgabe besteht nun darin, möglichst viele Worte zu finden, die man mit einem verkehrt herum stehenden Taschenrechner schreiben kann. Der Trick ist, dass man die Worte von hinten nach vorne eintippen muss, außerdem stehen uns leider nur 9 Buchstaben zur Verfügung. Der Autor hat 100 Worte gefunden, die Sie in der Lösungshilfe nachschlagen können. Finden Sie noch mehr oder andere?

1 = I, 2 = Z, 3 = E, 4 = h, 5 = S, (6 = g), 7 = L, 8 = B, 9 = G, 0 = O

## 121. Übung: *Versteckte Wörter*

In der folgenden Tabelle sind Wörter versteckt, wenn man waagerecht, senkrecht und auch diagonal liest.

| B | Ä | R | S | C | H | W | E | I | N | B | R | A | U | T | T | E | I | L |
|---|---|---|---|---|---|---|---|---|---|---|---|---|---|---|---|---|---|---|
| A | A | C | H | E | N | I | N | D | I | A | N | E | R | P | F | E | R | D |
| G | R | H | N | O | N | N | E | W | E | G | G | U | T | B | A | L | L | F |
| A | B | N | N | O | A | D | P | W | E | R | A | E | E | T | X | F | A | N |
| T | E | E | T | H | B | O | U | L | W | W | R | I | T | T | U | D | N | O |
| E | I | E | U | O | O | O | D | N | I | H | N | E | R | I | E | N | D | R |
| L | T | T | A | S | D | F | E | L | G | A | R | T | E | N | E | E | G | D |
| L | I | L | A | E | E | E | L | E | H | U | E | M | U | I | R | R | O | E |
| E | M | A | N | N | N | E | B | E | L | S | H | O | D | E | N | M | I | N |

Welche Wörter sind waagerecht versteckt?

Welche Wörter sind senkrecht versteckt?

Welche Wörter sind diagonal versteckt (schräg von rechts <u>und</u> links)?

## 122. Übung: *Planen*

1. Im Preisausschreiben haben Sie ein Wochenende in einem Hotel in New York gewonnen. Um das Flugticket und die Buchung des Hotels brauchen Sie sich also nicht zu kümmern. Übermorgen früh um 10.30 Uhr geht Ihr Flugzeug. Bitte schreiben Sie jetzt auf, was Sie für dieses Wochenende nun alles in Ihren Koffer packen müssen:

2. Nach dem Wochenende in New York stellen Sie zu Hause fest, dass Sie in der Hektik des Abreisetages die Kühlschranktür nicht zugemacht hatten. Ihre Nahrungsmittel sind inzwischen alle verdorben. Es ist kurz vor Ladenschluss, was müssen Sie alles einkaufen, um wenigstens zum Abendbrot und zum Frühstück ausreichend zu essen und zu trinken zu haben?

3. Sie möchten Ihr Wohnzimmer selbst tapezieren. Das Zimmer ist 6,5 mal 5 Meter groß und 3 m hoch. 7,5 $m^2$ fallen durch Fenster und eine Tür weg, die natürlich nicht tapeziert werden müssen. Wie viele Rollen Tapeten brauchen Sie, wenn eine Rolle 50 cm breit und 10 m lang ist? Wie viele Päckchen Kleister benötigen Sie, wenn ein Päckchen für 15 $m^2$ reicht? Was brauchen Sie für das Tapezieren außerdem noch?

4. Zu Ihrem Geburtstag haben Sie fünf Leute eingeladen, die mit Kaffee und Kuchen bewirtet werden sollen. Zwei werden danach gehen, aber drei bleiben bis zum Abend. Sie möchten daher auch zum Abendbrot etwas zum Essen anbieten. Auch für Getränke muss natürlich gesorgt werden. Außerdem soll jeder zur Begrüßung ein Gläschen Sekt erhalten. Bitte schreiben Sie auf, was Sie alles benötigen werden?

**123. Übung:** ***Verdrehte Wörter***

In den folgenden Wörtern wurden die Buchstaben verdreht. Die Aufgabe besteht darin herauszufinden, wie das Wort richtig heißt, wenn man die Buchstaben anders ordnet.

| SUB | = *Bus* | TUM | |
|---|---|---|---|
| LAM | | IMA | |
| TMA | | INL | |
| TAS | | TNO | |
| TKA | | HRO | |
| TRA | | TRO | |
| RAM | | SOT | |
| UBA | | LOP | |
| MOD | | DRA | |
| EDI | | EHR | |
| ISE | | TRA | |
| EFE | | RFU | |
| ÖRG | | URM | |
| IHA | | ASU | |
| UHE | | ESE | |
| OHF | | OSG | |
| FUH | | AGT | |
| UHT | | ATT | |
| OJD | | ETE | |
| UHK | | DOT | |
| RUK | | OTM | |
| OLB | | ÜRT | |
| OLK | | LWA | |
| OLS | | EWG | |
| TOL | | TWU | |

**124. Übung:** ***Verdrehte Wörter***

In den folgenden Wörtern wurden die Buchstaben verdreht. Die Aufgabe besteht darin herauszufinden, wie das Wort richtig heißt, wenn man die Buchstaben anders ordnet.

| REDA | = Ader | MARD | |
|---|---|---|---|
| FAFE | | DIBE | |
| EGLA | | GIND | |
| ETMA | | ROFD | |
| OTMA | | ROND | |
| UGEA | | SOED | |
| OTAU | | ÜSED | |
| LALB | | BEBE | |
| NABD | | BREE | |
| KNAB | | UFEE | |
| NANB | | ILEE | |
| RABT | | LEKE | |
| SABT | | BLEE | |
| UMAB | | LLEE | |
| BELI | | HOLF | |
| NIEB | | FULG | |
| TEBT | | LURF | |
| REBI | | OFTO | |
| DILB | | NAGG | |
| LEBI | | GITF | |
| TULB | | PISG | |
| JEBO | | TULG | |
| BROD | | DARG | |
| MEDA | | AHLM | |
| KNAD | | NAHD | |

### 125. Übung: *Verdrehte Wörter*

In den folgenden Wörtern wurden die Buchstaben verdreht. Die Aufgabe besteht darin herauszufinden, wie das Wort richtig heißt, wenn man die Buchstaben anders ordnet.

| | | | |
|---|---|---|---|
| SAGBA | = *Abgas* | LADER | |
| BUMLA | | SELLA | |
| PELAM | | SELMA | |
| NAREK | | KITAN | |
| OMARA | | GITAR | |
| RONBA | | AUCHB | |
| LAGEB | | RUFEB | |
| LEEUB | | ZUGEB | |
| TUMDA | | VADON | |
| TUMDE | | RAMAD | |
| STUND | | DRUCH | |
| NEIER | | UTEER | |
| TEERN | | LALEF | |
| NEFAH | | EIERF | |
| DERFE | | LOGEF | |
| ÖTELF | | RUGBE | |
| LANZG | | SUSEJ | |
| FEIHL | | RETAK | |
| BELAK | | ÖRKIL | |
| NEELG | | GENMA | |
| ÄMDEL | | TANOM | |
| MEERT | | ÜZNEM | |
| MOORT | | ZITON | |
| LEDUN | | ORIDA | |
| PUPEM | | NAMOR | |

**126. Übung:** ***Verdrehte Wörter***

In den folgenden Wörtern wurden die Buchstaben verdreht. Die Aufgabe besteht darin herauszufinden, wie das Wort richtig heißt, wenn man die Buchstaben anders ordnet.

| | | | |
|---|---|---|---|
| GENAT | = *Agent* | RAMLA | |
| PENLA | | TERLA | |
| LANGE | | GNAST | |
| PARIL | | ÄLREM | |
| SESAL | | LASTA | |
| EUNAB | | EIBED | |
| SEENB | | BEENT | |
| DEIBA | | DNAAR | |
| GENDE | | LELED | |
| ROGED | | LULED | |
| STURD | | GEINE | |
| REBES | | NERST | |
| FELBA | | DANEF | |
| TEFAL | | SANAF | |
| GEIFE | | RENEF | |
| RÜFST | | BELGA | |
| AHNEF | | FEHRA | |
| GEJUN | | JELUB | |
| LORBA | | PAMEL | |
| SEILN | | TIERL | |
| RAMKE | | TRAMK | |
| LAROM | | LOSEM | |
| DANEL | | NEELB | |
| MAPIR | | DELUP | |
| MARPE | | GEERN | |

## 127. Übung: *Bilder abmalen*

Das Bild aus der oberen Hälfte dieser Seite soll möglichst gut in die unteren Blatthälfte abgezeichnet werden.

Die Vorlage:

Ihre Kopie:

## 128. Übung: *Bilder abmalen*

Das Bild aus der oberen Hälfte dieser Seite soll möglichst gut in die unteren Blatthälfte abgezeichnet werden.

Die Vorlage:

Ihre Kopie:

### 129. Übung: *Bilder abmalen*

Das Bild in der oberen Hälfte dieser Seite soll möglichst gut in der unteren Blatthälfte abgezeichnet werden.

Die Vorlage:

Ihre Kopie:

### 130. Übung: *Bilder abmalen*

Das Bild in der oberen Hälfte dieser Seite soll möglichst gut in der unteren Blatthälfte abgezeichnet werden.

Die Vorlage:

Ihre Kopie:

## 131. Übung: *Bilder abmalen*

Das Bild in der oberen Hälfte dieser Seite soll möglichst gut in der unteren Blatthälfte abgezeichnet werden.

Die Vorlage:

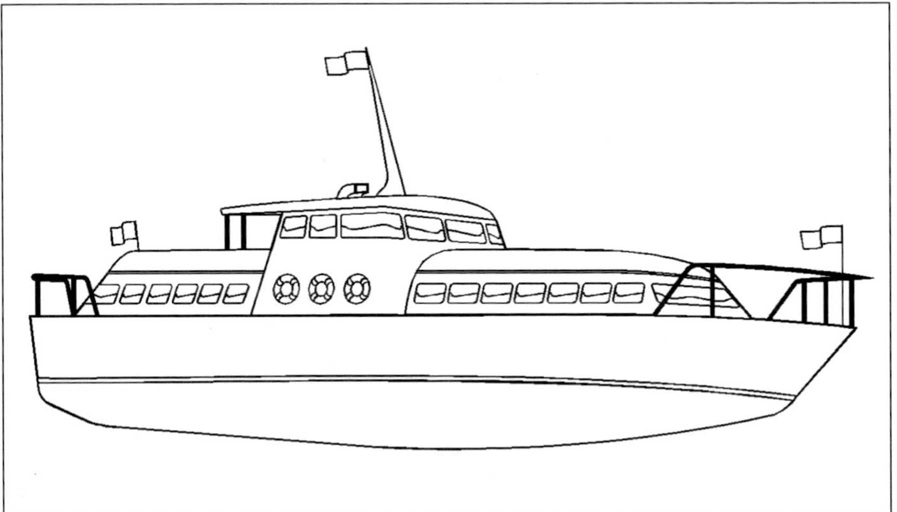

Ihre Kopie:

## 132. Übung: *Krimi I.*

Kommissar Hubert Dudel wird dringend zum Einsatzort gerufen, ein Polizist wartet schon auf der Straße und weist ihm den Weg zur Witwe Schwarzmüller, die tränenüberströmt in ihrer Wohnung im Erdgeschoss steht.
„Mein ganzer Schmuck ist mir gestohlen worden. Erbschmuck, noch von meiner Urgroßmutter! Unwiederbringliche Teile. Das lässt sich nie, nie wieder ersetzen", wimmert sie. Der Polizist erklärt Kommissar Dudel, dass der Dieb wahrscheinlich durch das offenstehende Küchenfenster eingestiegen ist, während Frau Schwarzmüller einkaufen gegangen war.
„Wie lange waren Sie unterwegs?" will der Kommissar wissen.
„Höchstens fünf Minuten, ich war nur kurz beim Kiosk, um mir noch schnell ein Kreuzworträtselheft für heute abend zu kaufen. Vorher hatte ich den Silberschmuck gerade in der Küche geputzt, der läuft ja so an, im Lauf der Jahre. Dann habe ich die Schmuckkassette in den Küchenschrank gestellt. Als ich wieder zurück kam und weitermachen wollte, da war die ganze Schatulle einfach weg!" schluchzt die Bestohlene.
„Dann liegt es nahe," sagt Dudel, „dass irgend jemand Sie beobachtet hat." Er blickt aus dem Fenster. Zwischen den Häusern liegt nur ein schmaler Gang. Auf der anderen Seite sind zwei Wohnungen, von denen aus man genau Einblick in das Küchenfenster der Witwe haben könnte. Kommissar Dudel geht hinüber und klingelt an der unteren Wohnung des gegenüberliegenden Hauses. Ein unrasierter älterer Mann macht ihm auf und blickt ihn verschlafen an. Der Kommissar sagt zu ihm: „In der Wohnung im Nachbarhaus, bei der Witwe Schwarzmüller, ist eingebrochen worden. Ein Dieb hat dort eine Schmuckschatulle gestohlen. Haben Sie vielleicht etwas Auffälliges gesehen?"
„Nein", antwortet der Unrasierte. „Ich bin Nachtwächter von Beruf und habe bis gerade eben geschlafen. Ich habe nichts gehört und nichts gesehen. War der Schmuck denn wertvoll?"
„Es war wohl nur Silberschmuck, nicht so wertvoll, aber es waren alles Erbstücke und Frau Schwarzmüller hängt sehr daran." meint Dudel. Dann bedankt er sich und geht zur nächsten Wohnung. Dort öffnet ihm eine schlanke junge Frau, die gerade ein Sektglas in der Hand hält. Dudel sagt ihr dasselbe wie in der letzten Wohnung.
„Nein!" sagt die junge Frau. „Wir feiern hier etwas und keiner von uns hat nach draußen auf das Küchenfenster von Frau Schwarzmüller gesehen." Dann schließt sie die Tür wieder, bevor Dudel noch weitere Fragen stellen kann. Kommissar Dudel winkt den Polizisten herbei und sagt: „Einer von den beiden war es. Und ich glaube, ich weiß auch schon wer." Wissen Sie auch, in welcher Wohnung sich der Dieb aufhält?

## 133. Übung: *Krimi II.*

Der Tresor im Zimmer des Direktors, im ersten Stock des Fabrikgebäudes, war nachts aufgeschweißt worden. Ein sauberes, kreisrundes Loch mit rabenschwarzem Rand ziert nun in Höhe der Riegel den Metallschrank, der fortan nur noch Schrottwert hat.
„Gute Arbeit. War wohl ein Profi. Was war denn drin?" möchte Kommissar Dudel von dem Fabrikdirektor wissen.
„Schmuck", knirscht Direktor Dr. Schulz-Gründel. „Geld bewahre ich hier sowieso nicht auf. Aber ich hatte einige wertvolle Schmuckstücke gekauft, weil meine Frau übermorgen Geburtstag hat. Und die hatte ich für einige Tage hier im Tresor liegen."
„Wertvoll?"
„Naja. Meine Frau stellt da doch schon höhere Ansprüche. Der Neupreis lag eigentlich bei 20.000,– Euro, ich hab' die Klunker aber von einem befreundeten Juwelier etwas billiger bekommen."
„Hat irgend eine Person gewusst, dass der Schmuck einige Zeit hier lag", will Dudel wissen.
„Nein. Ich glaube kaum. Das habe ich keinem erzählt. Höchstens, dass mich zufällig jemand von meinen Mitarbeitern beobachtet hat. Aber für meine Sekretärin und den Bürovorsteher lege ich meine Hand ins Feuer. Denen vertraue ich ständig noch viel höhere Summen an. Die müssten nicht nachts einen Tresor aufschweißen, die könnten mich anders um viel höhere Beträge berapsen."
Kommissar Dudel kehrt zunächst in sein Büro zurück und sieht sich alte Akten durch. Eigentlich kommen in dieser Stadt nur drei Einbrecher in Betracht, die wissen, wie man einen solchen Tresor punktgenau aufschweißt: Ede Grönemann, Egon Wüstermaul und Erwin Klabutter. Er sucht sie alle drei noch am selben Nachmittag auf und stellt ihnen dieselbe Frage: „Haben Sie ein Alibi für heute nacht?"
Ede Grönemann reibt sich brummig den Schädel, bevor er antwortet: „Also ich hab' heute nacht total besoffen im Bett gelegen. War gar nicht in der Lage irgendwas zu machen. Meine Kumpels können bestätigen, dass ich gestern abend einen über'n Durst getrunken hab. Außerdem ist mein Schweißgerät kaputt. Da können Sie ruhig Egon Wüstermaul und Erwin Klabutter fragen, die haben mit mir ein paar Flaschen Wein getrunken. Das ging bis zum frühen Morgen. War 'ne fröhliche Runde, müssen Sie wissen."
Der Kommissar stutzt. „Ach, sagt er. Die beiden? Da wollte ich sowieso noch hin."
Als Nächstes sucht er Egon Wüstermaul auf, der die Geschichte bestätigt: „Ich mach schon lange nichts Kriminelles mehr. Ich hab' gestern mit dem Ede und dem Erwin ein paar Bierchen gekippt und bin dann so gegen zwei Uhr morgens nach Hause ins Bett. Meine Frau kann das bestimmt bestätigen, dass ich dann die gan-

ze Nacht da war. Ich bin auch viel zu alt und viel zu ungelenk, um noch irgendwo hochzuklettern und einzubrechen. Sie können mich langsam mal aus Ihren alten Akten rausstreichen. Bei mir ist nichts mehr zu holen. Ich krieg doch jetzt 'ne kleine Rente. Wozu soll ich mir da noch die Mühe machen und irgendwo was klauen. Meinen Sie ich will meinen Lebensabend im Gefängnis verbringen?"
Erwin Klabutter: „Mich brauchen Sie gar nicht zu verdächtigen. Ich bin ja letzte Woche gerade erst wieder aus dem Knast raus. Hab' gestern mit einigen Freunden ein paar Schnäpse getrunken. Hab dann noch Fernsehen gesehen, so bis nachts um eins oder so. Dann hab' ich mich schlafen gelegt. Dafür braucht man ja wohl keine Zeugen. Ist doch klar, dass man nachts schläft, oder? Dafür kann doch keiner einen Zeugen bringen. Mit geklautem Schmuck kann ich sowieso nichts anfangen. Kann man doch sowieso nicht weiter verkaufen. Das Zeug hat doch keinen Wert, wenn man es einschmilzt springen doch nur ein paar Euro beim Hehler raus. Das lohnt das Risiko und die Mühe nicht. Wer sowas klaut, der muss doch bescheuert sein."
Kommissar Dudel schmunzelt und macht sich auf den Weg zum Staatsanwalt. Er weiß, wer den Einbruch begangen hat. Sie auch?

## 134. Übung: *Krimi III.*

Kommisar Dudel ist entsetzt. Mit Rauschgifthändlern hatte er bisher in seiner Laufbahn noch nichts zu tun. Fast drei Pfund Heroin hatte ein junger Ausländer in seinem Auto, den man nur zufällig ertappt hatte, weil er in einen Verkehrsunfall verwickelt gewesen war. Der 30-Jährige ist piekfein angezogen, spricht aber nur sehr schlecht Deutsch, was aber nichts ausmacht, da er ohnehin jede Aussage beharrlich verweigert und stur auf seinen Rechtsanwalt wartet. Inzwischen hat man seine Sachen durchsucht, jedoch nichts Auffälliges gefunden. In seiner Brieftasche befinden sich 300,– Euro plus 400,– amerikanische Dollar. Außerdem findet der Kommissar eine Kreditkarte, einen Reisepass auf den Namen Abdul Omarahara, eine Telefonkarte und einen Zettel auf dem steht:

> *Lieber Abdul, du erreichst mich unter einer der folgenden Telefonnummern:*
> *entweder:*
> *13 15 14 20 1 7 / 21 13 - 18 - 21 8 18*
> *oder nachmittags: 22 15 18 / 8 15 20 5 12*
> *oder ab Sonntag auch unter:*
> *1 13 / 13 1 18 11 20*
>
> *Dein B.*

Dudel denkt nach: Wie Telefonnummern sehen die Zahlenreihen eigentlich nicht aus. Vielleicht mit einer ausländischen Vorwahl? Probeweise wählt er einige, hat aber jedesmal nur *„Kein Anschluss unter dieser Nummer"*. Irgendein Geheimnis muss sich hinter diesen angeblichen Telefonnummern verstecken. Aber welches? Plötzlich springt Dudel hektisch auf, holt sich einen Bleistift und einen Zettel und schreibt hastig etwas auf. Dann sieht er auf die Uhr: 17.30 Uhr. Gerade noch rechtzeitig! Wenig später kann er den Kontaktmann, dem Abdul Omarahara das Heroin übergeben sollte, verhaften. Woher wusste Dudel, wann und wo der Treffpunkt war?

## 135. Übung: *Krimi IV.*

Kommissar Dudel klopft an die Tür und betritt das Zimmer des Geschäftsführers des großen Warenhauses. Ausgerechnet am letzten Tag des Jahres, denkt er, noch so einen Ärger. Eigentlich wollte er jetzt einige Knaller und eine Flasche Sekt kaufen, um heute Nacht das Ende des Jahres 2009 zu feiern.
Der Geschäftsführer, ein großer, breitschultriger Mann in einem taubengrauen Anzug wendet sich ihm zu und sagt mit ruhiger Stimme: „Äh, eine seltsame Angelegenheit, Herr Kommissar, ..."
Neben ihm steht eine magere Gestalt in Jeans, Turnschuhen und Parka. Eine junger Mann mit dünnem Oberlippenbart, der den Geschäftsführer sofort unterbricht und mit aggressiven Unterton dazwischenfährt: „Seltsam, was heißt hier seltsam? Peinlich wäre ja wohl das richtige Wort. Man hält mich hier völlig ungerechtfertigt fest! Ich werde hier des Diebstahls bezichtigt, obwohl ich nichts gestohlen habe! Ich möchte jetzt sofort Strafanzeige gegen diesen Herrn hier stellen wegen Beleidigung und Nötigung!"
Kommissar Dudel ist verwirrt und bittet zunächst den Geschäftsführer, ihm zu erklären, was überhaupt passiert ist. Dieser berichtet: „Mein Hausdetektiv hat genau gesehen, dass dieser junge Mann hier eine Flasche Champagner unter seiner Jacke versteckt und dann den Laden verlassen hat, ohne sie zu bezahlen. Vor der Eingangstür hat er ihn dann gestellt. Aber seltsamerweise kann der junge Mann einen Kassenbon vorweisen. Wir können uns das nicht so recht erklären und dachten, dass Sie da helfen können?"

```
      MAXIMAL-MARKT
FILIALE 78.12:03
           31.12.2008

1 CHAMPG.        39.99

ZW.-SUMME        39.99
ZAHLGELD         50,00
RÜCKGELD         10.01

    VIELEN DANK FÜR
     IHREN EINKAUF
```

Nun wendet Dudel sich dem jungen Mann zu: „Und Sie? Können Sie zur Aufklärung beitragen? Wie haben Sie den Champagner bezahlt, ohne dass der Hausdetektiv es gesehen hat?"
„Das ist doch nicht mein Problem zu erklären, warum der Detektiv das nicht gesehen hat!" schimpft der Beschuldigte. „Vielleicht war er auf dem Klo oder zwischendurch mal eine rauchen. Ich habe einen Kassenbon und damit hat es sich. Kann ich jetzt endlich gehen?"
„Darf ich den Bon mal sehen?" bittet Dudel und lässt sich von dem schnurrbärtigen jungen Mann den Zettel geben.
Nach einem kurzen Blick darauf meint er zu dem jungen Mann: „Ich darf Sie bitten mitzukommen. Ihre Geschichte hat einen kleinen, aber wesentlichen Haken."

## 136. Übung: *Krimi V.*

„Hat denn jemand ein Motiv gehabt, Frau Reichski umzubringen?“ fragt Kommissar Dudel mit ernster Stimme den Hausmeister, der seine Mieter recht gut kennt. Die 75-jährige Frau Reichski wurde, nachdem sie mehrere Tage lang telefonisch nicht erreichbar war, von ihrer Schwester tot in der Wohnung aufgefunden. Irgend jemand hatte ihr mit einem schweren, gusseisernen Kerzenhalter brutal den Kopf eingeschlagen. Der Kerzenständer lag sogar noch neben der Leiche, aber Fingerabdrücke konnte man darauf nicht erkennen.
„Klar.“ meinte der Hausmeister sachverständig. „Die hieß ja nicht nur Reichski, die war auch ziemlich reich, aber geizig. Billige Wohnung, sparsames Essen, aber dickes Bankkonto, verstehen Sie? Ich an Ihrer Stelle würde mir da mal die Erben ansehen. Kinder hatte sie ja keine, aber ihre Schwester und deren zwei Kinder erben jetzt wohl einiges.“
„Gestohlen scheint sonst nichts zu sein“, meint ein Polizist, „es ist alles unberührt. Kein Schrank aufgebrochen, nichts durchgewühlt. Ein Raubüberfall war es wohl kaum.“
Dudel befragt zunächst die Schwester der Getöteten, Frau Annette Guttmann, die jedoch völlig fassungslos und in Tränen aufgelöst ist. Man sieht ihr an, wie nahe ihr der Tod ihrer Schwester geht.
„Nein“, flüstert sie und erstickt fast unter Tränen. „Meine Schwester war ein ganz, ganz lieber Mensch. Niemand, aber wirklich niemand hatte ein Motiv, sie so grausam umzubringen.“
Die war es wohl kaum, denkt der Kommissar und lässt sich die Anschriften der beiden Neffen der Ermordeten geben. Einer von beiden, Raimund Guttmann, wohnt nur einige Straßen weiter. Dudel fällt gleich mit der Tür ins Haus: „Es tut mir leid, Ihnen sagen zu müssen, dass ihre Tante tot ist. Irgend jemand hat sie umgebracht. Vielleicht können Sie mir helfen. Hatte Ihre Tante eventuell irgendwelche Feinde?“
Raimund Guttmann fällt förmlich die Kinnlade herunter: „Oh Gott! Das ist ja fürchterlich.“ stöhnt er. „Die arme alte Frau! Die hat doch wirklich keinem etwas zu leide getan. Ein so netter Mensch! Immer hat sie meinen Bruder und mich unterstützt. Wer kann denn einen so lieben Menschen so grausam erschlagen. Oh Gott. Das darf doch nicht wahr sein. Nein. Feinde hatte sie bestimmt keine. Meine Tante war ein Mensch, die immer nur Gutes getan hat. Weiß man denn noch gar nicht, wer es getan hat?“
Kommissar Dudel schüttelt den Kopf: „Nein. Deshalb frage ich Sie ja. Wüssten Sie sonst, wer vielleicht ein Motiv gehabt haben könnte?“

Raimund Guttmann zuckt bedauernd mit den Schultern. Um zu dem anderen Neffen, einem gewissen Anton Guttmann, zu kommen, muss Kommissar Dudel eine ganze Strecke mit dem Auto fahren. Als er dort ankommt, ist dieser schon telefonisch benachrichtigt worden und wirkt auch völlig aufgelöst.

„Das ist wirklich schlimm. Mein Bruder hat mich gerade angerufen und mir erzählt, dass unsere Tante brutal mit einem Kerzenständer erschlagen wurde. Sie war wirklich eine ganz nette Person, die keiner Fliege etwas getan hat. Ich kann nicht verstehen, wer das hat tun können. Nein, ich wüsste auch niemanden, den sie zum Feind hat. Tut mir leid, dass ich Ihnen da nicht weiterhelfen kann, Herr Kommissar."

„Macht nichts", meint Dudel, „ich glaube, ich weiß auch so schon, wer der Mörder ist."

## 137. Übung: *Krimi VI.*

„Das ist der Bruder von Egon Wüstermaul, der ja wegen der Tresorgeschichte von damals im Gefängnis einsitzt“, sagt der Justizvollzugsbeamte zu Kommissar Dudel und schiebt einen breiten Mann mit kantigem Kinn und bösem Gesichtsausdruck vor sich her.
„Ja, was ist denn mit ihm?“ fragt Dudel und zieht die Augenbrauen hoch.
„Tja“, meint der Beamte. „Er hat seinen Bruder besucht und ihm eine Tüte mit Kleidungsstücken und einige Nahrungsmittel, Kekse und eine Flasche Apfelsaft mitgebracht. Ist ja nicht verboten. Aber bei der Überprüfung haben wir am Boden der Plastiktüte einen kleinen Zettel gefunden. Steht etwas drauf, aber keiner von uns kann entziffern, was es bedeuten soll. Vielleicht ist es ja gar nicht wichtig, aber ich habe gedacht, ich frage Sie besser mal.“
„Ach, was soll das Larifari mit dem blöden Zettel!“ schimpft Hugo Wüstermaul, der Bruder von Egon. „Das ist ein Schmierzettel von meiner Tochter. Ich weiß auch nicht was der soll. Irgend so ein Gekrickel. Keine Ahnung, wie der in die Tüte gekommen ist. Schmeißen Sie ihn weg und geben Sie meinem Bruder endlich die Sachen; er wartet schon drauf!“
„Na, na. Nicht so schnell. Geben Sie mir mal den Zettel.“ meint der Kommissar und lässt sich von dem Beamten einen kleinen Zettel geben, auf dem mit schwarzem Kugelschreiber einige Reihen sinnloser Worte gekritzelt sind. Dudel beugt sich darüber und sieht sich die Reihen ganz genau an:
„Nee, von Ihrer Tochter ist der Zettel nicht“, meint Dudel dann schließlich zu Hugo

*IANB DÄEGRU SOATFLTE-*
*FRLIADSGCUHYEZ IMSFTQ*
*EZIANÖED FQEPIÜLÄES UXNGDN IS-*
*NU DAEBRG KWEMKYSXTÖÜDTWEQ*
*EAIUNHEÄ KBLZEBILNÄEÖ*
*EAIUSIENNCSCÄJGKES.*
*DAETIZNU HQUOGROT*

Wüstermaul. Steht ja sogar Ihr Name am Ende! Den haben Sie geschrieben.“ Und zum Wachmann gewandt: „Ich hoffe, dass sein Bruder die Sachen noch nicht hat?“

## Lösungen

**Fragen am Ende des Einleitungsteils:**
Das Lösungswort lautet: NEUROPSYCHOLOGIE

**1.–5. Übung:** ***Welches Zeichen passt nicht dazu?*** Folgende Zeichen passen nicht in die Reihe:

| | Übung-Nr.: | | | | |
|---|---|---|---|---|---|
| ***Zeile-Nr.*** | **1.** | **2.** | **3.** | **4.** | **5.** |
| **1.** | 3. | 6. | 5. | 6. | erstes |
| **2.** | 5. | letztes | 5. | 8. | 2. |
| **3.** | 7. | 4. | vorletzte | 4. | 3. |
| **4.** | 2. | letztes | erstes | 6. | 4. |
| **5.** | 5. | 4. | 4. | 10. | letztes |
| **6.** | letztes | letztes | vorletzte | 7. | erstes |
| **7.** | 8. | 2. | 3. | 6. | 3. |
| **8.** | 5. | 6. | 5. | 5. | letztes |
| **9.** | 4. | 2. | 3. | 9. | 6. |
| **10.** | 2. | vorletzte | 4. | 13 | letztes |
| **11.** | 2. | erstes | letztes | letztes | erstes |
| **12.** | 6. | 9. | vorietzte | 9 | vorletzte |

**6.–10. Übung:** ***Durchstreichen*****:** Anzahl der Zeichen pro Zeile, die durchgestrichen werden sollten:

| | Übung-Nr.: | | | | |
|---|---|---|---|---|---|
| ***Zeile-Nr.*** | **6.** | **7.** | **8.** | **9.** | **10.** |
| **1.** | 4 | 2 | 3 | 2 | 4 |
| **2.** | 2 | 0 | 3 | 4 | 2 |
| **3.** | 3 | 1 | 5 | 2 | 6 |
| **4.** | 3 | 3 | 2 | 4 | 0 |
| **5.** | 0 | 3 | 4 | 2 | 5 |
| **6.** | 5 | 1 | 4 | 0 | 7 |
| **7.** | 1 | 5 | 0 | 4 | 2 |
| **8.** | 8 | 2 | 3 | 2 | 2 |
| **9.** | 1 | 0 | 6 | 6 | 9 |
| **10.** | 3 | 5 | 5 | 6 | 5 |
| **11.** | – | 5 | 3 | 0 | 0 |
| **12.** | – | 3 | 9 | 7 | 11 |

**11.–15. Übung:** ***Gleiches Zeichen finden***: Es gehören zusammen:

| Übung-Nr. | | | | |
|---|---|---|---|---|
| *11.* | *12.* | *13.* | *14.* | *15.* |
| A1 + B3 | A1 + B2 | A1 + G2 | A1 + C2 | A1 + B3 |
| A2 + D1 | A2 + C4 | A2 + H4 | A2 + H3 | A2 + D4 |
| A3 + C2 | A3 + D1 | A3 + E4 | A3 + A5 | A3 + H4 |
| A4 + D2 | A4 + C3 | A4 + J3 | A4 + C4 | A4 + G4 |
| A5 + C4 | A5 + B1 | A5 + C2 | B1 + I2 | A5 + F3 |
| B1 + B4 | B3 + E3 | B1 + F1 | B2 + I3 | B1 + F5 |
| B2 + E3 | B4 + E5 | B2 + E3 | B3 + F5 | B2 + J4 |
| B5 + G2 | B5 + G2 | B3 + F5 | B4 + H1 | B4 + J3 |
| C1 + F4 | C1 + D5 | B4 + I1 | B5 + I1 | B5 + E2 |
| C3 + G4 | C2 + I5 | B5 + I5 | C1 + D4 | C1 + I3 |
| C5 + F3 | C5 + I4 | C1 + F3 | C3 + D3 | C2 + H2 |
| D3 + I1 | D2 + H3 | C3 + F4 | C5 + J4 | C3 + J5 |
| D4 + J4 | D3 + J3 | C4 + E5 | D1 + E3 | C4 + F2 |
| D5 + H3 | D4 + H2 | C5 + G3 | D2 + F4 | C5 + I1 |
| E1 + J2 | E1 + G5 | D1 + G5 | D5 + E4 | D1 + G5 |
| E2 + H5 | E2 + F4 | D2 + H3 | E1 + G3 | D2 + G2 |
| E4 + J3 | E4 + H5 | D3 + I4 | E2 + J2 | D3 + I5 |
| E5 + I4 | F1 + J5 | D4 + H2 | E5 + F2 | D5 + H3 |
| F1 + J5 | F2 + J4 | D5 + H5 | F1 + H4 | E1 + G1 |
| F2 + J1 | F3 + H4 | E1 + J4 | F3 + H2 | E3 + I4 |
| F5 + I2 | F5 + I3 | E2 + J2 | G1 + G5 | E4 + J2 |
| G1 + I5 | G1 + I2 | F2 + J5 | G2 + J3 | E5 + G3 |
| G3 + I3 | G3 + J2 | G1 + I3 | G4 + I5 | F1 + F4 |
| G5 + H2 | G4 + J1 | G4 + I2 | H5 + I4 | H1 + J1 |
| H1 + H4 | H1 + I1 | H1 + J1 | J1 + J5 | H5 + I2 |

**16.–20. Übung:** ***Tippfehler:*** Anzahl der Fehler pro Zeile:

| Zeile | 16. | 17. | 18. | 19. | 20. |
|---|---|---|---|---|---|
| **1.** | 1 | 1 | 0 | 1 | 1 |
| **2.** | 1 | 0 | 1 | 0 | 3 |
| **3.** | 1 | 1 | 0 | 1 | 2 |
| **4.** | 1 | 1 | 1 | 0 | 2 |
| **5.** | 0 | 1 | 0 | 2 | 1 |
| **6.** | 2 | 2 | 1 | 2 | 2 |
| **7.** | 1 | 1 | 0 | 0 | 2 |
| **8.** | 1 | 0 | 1 | 1 | 1 |
| **9.** | 2 | 4 | 1 | 3 | 3 |
| **10.** | 2 | 2 | 0 | 0 | 0 |
| **11.** | 3 | | 1 | 2 | 3 |
| **12.** | 1 | | 0 | 2 | 3 |
| **13.** | 2 | | 1 | 0 | 2 |
| **14.** | 1 | | 0 | 4 | 6 |
| **15.** | 1 | | 3 | 3 | 5 |
| **16.** | 0 | | | | 3 |
| **17.** | 0 | | | | 4 |
| **18.** | 1 | | | | 2 |
| **19.** | 1 | | | | 6 |
| **20.** | 3 | | | | 5 |

**21. Übung:** ***Berühmte Schauspieler (1900–1950).*** Alphabetische Liste:
Fred Astaire, Ingrid Bergmann, Humphrey Bogart, Charly Chaplin, Gary Cooper, Joseph Cotten, Lil Dagover, Bette Davis, Marlene Dietrich, Douglas Fairbanks, Errol Flynn, Cary Grant, Willy Fritsch, Jean Gabin, Clark Gable, Greta Garbo, Judy Garland, Gustav Gründgens, Alec Guiness, Oliver Hardy, Rita Hayworth, Emil Jannings, Boris Karloff, Buster Keaton, Hildegard Knef, Stan Laurel, Zarah Leander, Harold Lloyd, Groucho Marx, Marilyn Monroe, Asta Nielsen, Gregory Peck, Edward G. Robinson, Heinz Rühmann, James Stewart, Elizabeth Taylor, Spencer Tracy, John Wayne, Johnny Weissmüller, Orson Welles.

**22. Übung:** ***Berühmte Schauspieler (1950–1975).*** Alphabetische Liste:
Mario Adorf, Brigitte Bardot, Jean-Paul Belmondo, Marlon Brando, Horst Buchholz, Richard Burton, Claudia Cardinale, Sean Connery, Bing Crosby, Tony Curtis, Doris Day, James Dean, Catherine Deneuve, Karlheinz Böhm, Kirk Douglas, Clint Eastwood, Anita Ekberg, Heinz Erhardt, Hansjörg Felmy, Henry Fonda, Tippi Hedren, Charlton Heston, Rock Hudson, Danny Kaye, Grace Kelly, Volker Lechtenbrink,

Jack Lemmon, Sophia Loren, Karl Malden, Shirley McLaine, Robert Mitchum, Yves Montand, Anthony Perkins, Will Quadflieg, Margaret Rutherford, Romy Schneider, Peter Sellers, Omar Sharif, Nadja Tiller, Fritz Wepper.

**23. Übung: *Berühmte Persönlichkeiten:***
Lösungswort: NOVEMBERMONTAGMORGEN

**24. Übung: *Zeitgeschehen:***
Lösungswort S. 50: ABGRUND
Lösungswort S. 51: ANTWORT

**25. Übung: *Unterhaltungsmusik:***
1. Orchester Eugen Wolff, 2. Marika Rökk, 3. Hans Moser, 4. Lale Andersen, 5. Commedian Harmonists, 6. Heinz Rühmann, 7. Marlene Dietrich, 8. Hans Albers, 9. Siegfried Arno, 10. Zarah Leander, 11. Wencke Myhre, 12. Gus Backus, 13. Connie Francis, 14. Roy Black, 15. Peter Alexander, 16. Freddy Quinn, 17. Drafi Deutscher, 18. Bill Ramsey, 19. Vicky Leandros, 20. Daliah Lavi, 21. The Beatles, 22. The Doors, 23. Steppenwolf, 24. Flowerpot Men, 25. Little Richard, 26. Jimmi Hendrix, 27. The Small Faces, 28. Pink Floyd, 29. Iron Butterfly, 30. Eric Burdon & The Animals, 31. Nena, 32. Die Fantastischen Vier, 33. Spliff, 34. Markus, 35. Dennis und die Wilde 13, 36. Hubert Kah, 37. Grobschnitt, 38. Nina Hagen, 39. Extrabreit, 40. Trio, 41. Tina Turner, 42. Guns'n Roses, 43. Marius Müller-Westernhagen, 44. Evanescene, 45. David Bowie, 46. E-Rotic, 47. Nirvana, 48. Rednex, 49. Tic Tac Toe, 50. Placebo.

**26.–30. Übung: *Linien nachzeichnen:*** Lösung siehe Vorlage.

**31. Übung: *Verborgene Tiere:***
1. Hirsch, 2. Ente, 3. Giraffe, 4. Nashorn, 5. Vogel, 6. Fledermaus, 7. Fisch, 8. Kamel, 9. Eidechse, 10. Känguruh, 11. Schlange, 12. Seepferdchen.

**32. Übung: *Verborgene Gegenstände:***
1. Kerzenleuchter, 2. Blumenstrauß, 3. Fahrrad, 4. Kinderwagen, 5. Kochtopf, 6. Bürste, 7. Fußball, 8. Brille, 9. Gitarre, 10. Kaffeekanne, 11. Kaffeetasse, 12. Uhr.

**33. Übung: *Kreise zählen:*** 1. = 8 Kreise, 2. = 18 Kreise, 3. = 18 Kreise

**34. Übung: *Vierecke zählen:***
1. = 10 Vierecke (mit dem Rahmen außen!), 2. = 19 Vierecke, 3. = 11 Vierecke (auch 19 oder 28 Vierecke, wenn jeweils zwei nebeneinander liegende Hälften nochmals als ganzes Viereck gezählt wurden).

**35. Übung:** ***Sterne zählen:*** 1. = 11 Sterne, 2. = 23 Sterne, 3. = 13 Sterne

**36.–45. Übung:** ***Zeichnung vervollständigen:*** Selbst nach künstlerischen Fähigkeiten beurteilen.

**46. Übung:** ***Straßennamen lernen:*** mit der vorangegangenen Seite vergleichen.

**47. Übung:** ***Labyrinth:*** nach Vorlage.

**48. Übung:** ***Reiserouten planen:*** siehe Landkarte.

**49. Übung:** ***Länder und Hauptstädte zuordnen***

| | | | | | | |
|---|---|---|---|---|---|---|
| 1. | Island | Reykjavik | | 16. | Deutschland | Bonn, Berlin |
| 2. | Norwegen | Oslo | | 17. | Polen | Warschau |
| 3. | Schweden | Stockholm | | 18. | Tschechien | Prag |
| 4. | Finnland | Helsinki | | 19. | Österreich | Wien |
| 5. | Irland | Belfast, Dublin | | 20. | Slowakei | Bratislawa |
| 6. | England | London | | 21. | Ungarn | Budapest |
| 7. | Dänemark | Kopenhagen | | 22. | Rumänien | Bukarest |
| 8. | Portugal | Lissabon | | 23. | Griechenland | Athen |
| 9. | Spanien | Madrid | | 24. | Ukraine | Kiew |
| 10. | Frankreich | Paris | | 25. | Weißrussland | Minsk |
| 11. | Belgien | Brüssel | | 26. | Litauen | Wilna |
| 12. | Niederlande | Amsterdam | | 27. | Lettland | Riga |
| 13. | Luxemburg | Luxemburg | | 28. | Estland | Talinn (Reval) |
| 14. | Schweiz | Bern | | 29. | Russland | Moskau |
| 15. | Italien | Rom | | 30. | Türkei | Ankara |

**50. Übung:** ***Kontinente, …***

| Buchstabe | Kontinent |
|---|---|
| *C* | Afrika |
| *E* | Asien |
| *F* | Australien |
| *D* | Europa |
| *A* | Nordamerika |
| *B* | Südamerika |

***Meere, …***

| Ziffer | Meer |
|---|---|
| *I.* | Pazifik |
| *II.* | Atlantik |
| *III.* | Indischer Ozean |
| *IV.* | Nordpolarmeer |
| | |
| | |

***... und internationale Städte:***

| | |
|---|---|
| 1 | New York |
| 2 | Los Angeles |
| 3 | Mexiko City |
| 4 | Lima |
| 5 | Rio de Janeiro |
| 6 | Buenos Aires |
| 7 | Algier |
| 8 | Kairo |
| 9 | Jerusalem |
| 10 | Moskau |

| | |
|---|---|
| 11 | Neu Delhi |
| 12 | Hanoi |
| 13 | Hong Kong |
| 14 | Tokio |
| 15 | Singapur |
| 16 | Jakarta |
| 17 | Sydney |
| 18 | Adis Abeba |
| 19 | Nairobi |
| 20 | Pretoria |

**51.–55. Übung:** ***Buchstaben erkennen, Silben lesen, kurze Wörter lesen:*** Bitte von einer anderen Person auf Richtigkeit kontrollieren lassen.

**56.–60. Übung:** ***Welches Wort ist richtig:***

| | *56.* | *57.* | *58.* | *59.* | *60.* |
|---|---|---|---|---|---|
| *1.* | Schere | Ente | Hammer | Rakete | Segelboot |
| *2.* | Brille | Kamel | Zange | Fernrohr | Fahrrad |
| *3.* | Glocke | Bär | Pinsel | Astronaut | Zapfsäule |
| *4.* | Buch | Hirsch | Kelle | Komet | Zündkerze |
| *5.* | Brief | Giraffe | Leiter | Mond | Taschenrechner |
| *6.* | Pfeil | Löwe | Säge | Saturn | Filmprojektor |
| *7.* | Telefon | Schlange | Schere | Stern | Stoppuhr |
| *8.* | Flugzeug | Eidechse | Spaten | Sonne | Handy |
| *9.* | Kreuz | Frosch | Besen | UFO | Büro-Drehstuhl |
| *10.* | Hand | Fisch | Mülleimer | Sputnik | Waschmaschine |
| *11.* | Fahne | Krebs | Sackkarre | Jumbo-Jet | Panzer |
| *12.* | Tropfen | Krabbe | Handsäge | Düsenjäger | Jeep |
| *13.* | Kerze | Seestern | Bohrer | Helikopter | Eiscreme |
| *14.* | Schreiben | Vogel | Topf | Galaxis | Fußball |
| *15.* | Bombe | Maus | Rechen | Sternwarte | Blumenstrauß |
| *16.* | Federhalter | | | | |
| *17.* | Stern | | | | |
| *18.* | Blitz | | | | |
| *19.* | Dreieck | | | | |
| *20.* | Quadrat | | | | |

**61. Übung:** ***Sprachverständnis „Tiere“:*** Adler = 5, Affe = 4, Bär = 2, Dinosaurier = 14, Eidechse = 3, Ente = 15, Fisch = 1, Gemse = 7, Giraffe = 12, Hirsch = 8, Kamel = 11, Känguruh = 6, Löwe = 9, Nashorn = 10, Schlange = 13

**62. Übung:** ***Sprachverständnis „Fahrzeuge“:*** Traktor = 12, Rennwagen = 14, Lieferwagen = 6, Taxi = 2, Oldtimer = 8, Bagger = 7, Lokomotive = 1, Müllwagen = 10, Kutsche = 3, Personenwagen = 13, Abschleppwagen = 9, Motorrad = 5, Lastwagen = 4, Bus = 11

**63. Übung:** ***Sprachverständnis „Werkzeug + Gartengeräte“:*** 1 = Bohrmaschine, 2 = Hammer, 3 = Schrauben, 4 = Kreissäge, 5 = Schaufel, 6 = Eisensäge, 7 = Laubbesen, 8 = Axt, 9 = Spaten, 10 = Gießkanne, 11 = Fuchsschwanz, 12 = Kombizange, 13 = Gartenschere, 14 = Schraubenschlüssel, 15 = Schubkarre.

**64. Übung:** ***Sprachverständnis „Haushaltsgeräte“:*** 1 = Nähmaschine, 2 = Kaffeekanne, 3 = Toaster, 4 = Kochtopf, 5 = Zuckerdose, 6 = Kaffeemaschine, 7 = Fleischmesser, 8 = Mikrowelle, 9 = Nuckelflasche, 10 = Mixer, 11 = Haarfön, 12 = Besteck, 13 = Wanduhr, 14 = Kerzenhalter, 15 = Haarbürste.

**65. Übung:** ***Sprachverständnis „Verhaltensweisen“:*** schaukeln = 17, begrüßen = 5, laufen = 10, lesen = 3, Radfahren = 4, reiten = 7, winken = 14, beten = 11, tanzen = 2, zeigen = 1, Ski fahren = 8, mit Bauklötzen spielen = 15, im Liegestuhl liegen = 20, Spazieren gehen = 13, auf dem Bauch liegen = 9, Skateboard fahren = 6, ein Kind hochheben = 16, einen Regenschirm halten = 18, den Boden aufwischen = 12, Schularbeiten machen = 19.

A = 1, B = 3, C = 2, D = 8, E = 6, F = 14, G = 5, H = 4, I = 18, J = 11, K = 13, L = 12, M = 7, N = 20, O = 17, P = 10, Q = 19, R = 16, S = 15, T = 9.

**66. Übung:** ***Wörter differenzieren:*** Es sollten 30 Vornamen sein, 20 Tiere, 15 elektrische Geräte und 10 Wörter bleiben dann übrig.

**67.–70. Übung:** ***Texte verstehen***

| | **67. Übung** | **68. Übung** | **69. Übung** | **70. Übung** |
|---|---|---|---|---|
| **1. Frage** | B | B | B | B |
| **2. Frage** | A | C | A | C |
| **3. Frage** | C | C | C | B |
| **4. Frage** | C | A | C | C |
| **5. Frage** | A | A | C | |

## 71. Übung: *Wahre und gelogene Sätze*

| | | | | |
|---|---|---|---|---|
| 1. gelogen | 41. gelogen | 81. wahr | 121. wahr | 161. gelogen |
| 2. wahr | 42. wahr | 82. wahr | 122. gelogen | 162. wahr |
| 3. gelogen | 43. gelogen | 83. wahr | 123. wahr | 163. gelogen |
| 4. wahr | 44. wahr | 84. gelogen | 124. wahr | 164. wahr |
| 5. wahr | 45. wahr | 85. wahr | 125. gelogen | 165. wahr |
| 6. gelogen | 46. wahr | 86. wahr | 126. gelogen | 166. gelogen |
| 7. gelogen | 47. wahr | 87. wahr | 127. wahr | 167. gelogen |
| 8. wahr | 48. wahr | 88. gelogen | 128. wahr | 168. wahr |
| 9. wahr | 49. gelogen | 89. gelogen | 129. wahr | 169. gelogen |
| 10. gelogen | 50. gelogen | 90. wahr | 130. wahr | 170. gelogen |
| 11. gelogen | 51. wahr | 91. gelogen | 131. gelogen | 171. gelogen |
| 12. gelogen | 52. wahr | 92. gelogen | 132. wahr | 172. gelogen |
| 13. gelogen | 53. gelogen | 93. wahr | 133. wahr | 173. wahr |
| 14. gelogen | 54. wahr | 94. gelogen | 134. gelogen | 174. gelogen |
| 15. wahr | 55. gelogen | 95. gelogen | 135. gelogen | 175. wahr |
| 16. gelogen | 56. gelogen | 96. wahr | 136. wahr | 176. gelogen |
| 17. wahr | 57. wahr | 97. wahr | 137. wahr | 177. wahr |
| 18. wahr | 58. wahr | 98. wahr | 138. wahr | 178. wahr |
| 19. gelogen | 59. gelogen | 99. wahr | 139. gelogen | 179. gelogen |
| 20. gelogen | 60. wahr | 100. wahr | 140. gelogen | 180. wahr |
| 21. wahr | 61. gelogen | 101. gelogen | 141. wahr | 181. wahr |
| 22. wahr | 62. wahr | 102. gelogen | 142. wahr | 182. wahr |
| 23. gelogen | 63. gelogen | 103. gelogen | 143. gelogen | 183. gelogen |
| 24. wahr | 64. gelogen | 104. gelogen | 144. wahr | 184. wahr |
| 25. wahr | 65. wahr | 105. gelogen | 145. wahr | 185. wahr |
| 26. gelogen | 66. wahr | 106. gelogen | 146. wahr | 186. wahr |
| 27. gelogen | 67. wahr | 107. gelogen | 147. wahr | 187. wahr |
| 28. gelogen | 68. gelogen | 108. gelogen | 148. gelogen | 188. wahr |
| 29. gelogen | 69. gelogen | 109. gelogen | 149. gelogen | 189. gelogen |
| 30. wahr | 70. gelogen | 110. wahr | 150. gelogen | 190. wahr |
| 31. gelogen | 71. wahr | 111. wahr | 151. wahr | 191. wahr |
| 32. wahr | 72. gelogen | 112. wahr | 152. wahr | 192. wahr |
| 33. gelogen | 73. wahr | 113. gelogen | 153. gelogen | 193. wahr |
| 34. gelogen | 74. wahr | 114. wahr | 154. gelogen | 194. wahr |
| 35. wahr | 75. gelogen | 115. gelogen | 155. wahr | 195. gelogen |
| 36. wahr | 76. gelogen | 116. gelogen | 156. wahr | 196. gelogen |
| 37. gelogen | 77. wahr | 117. wahr | 157. wahr | 197. gelogen |
| 38. gelogen | 78. wahr | 118. gelogen | 158. wahr | 198. gelogen |
| 39. wahr | 79. wahr | 119. gelogen | 159. wahr | 199. gelogen |
| 40. gelogen | 80. gelogen | 120. gelogen | 160. wahr | 200. gelogen |

**72. Übung: *Wörter einsetzen:*** 1 = schläft, 2 = gehen, 3 = beherrscht, 4 = kriecht, 5 = staubt, 6 = bricht, 7 = gebrauchen, 8 = lebt, 9 = kann, 10 = gezählt, 11 = lernen, 12 = trinkt, 13 = denke, 14 = geworden, 15 = schreien, 16 = bedeutet, 17 = einschalten, 18 = wissen, 19 = glaubt, 20 = begriffen, 21 = geborgt, 22 = löst, 23 = wirkt, 24 = machen, 25 = wichtiger, 26 = liebt, 27 = findet, 28 = beginnt, 29 = schlechteste, 30 = verliert, 31 = schwimmen, 32 = denkt, 33 = lernen, 34 = beginnt, 35 = schlagt.

**73. Übung: *Lückenwort-Text:*** Herr Schmidt hat heute nicht seinen besten Tag. Schon morgens hat er verschlafen. Beim Zähneputzen spritzt ihm etwas Zahnpasta ins Auge. Als er Frühstück isst, kleckert ihm Kaffee über das Hemd und er muss sich noch einmal umziehen. Als er sich die Schuhe anzieht, reißt ihm ein Schnürsenkel ab. Während er mit dem Auto zur Arbeit fährt, sieht er, dass sein Tank fast leer ist. Beim Tanken tropft ihm etwas Benzin über die Hose. Als er in der Tankstelle bezahlen will, bemerkt er, dass er seine Kreditkarte vergessen hat. Dann fährt er zu schnell über eine Kreuzung und wird von der Polizei geblitzt. Als er schließlich seine Arbeitsstelle erreicht, ist dort alles abgeschlossen und ihm fällt ein, dass heute ein Feiertag ist.

**74. Übung: *Lückenwort-Text:*** Auf der diesjährigen Erfindermesse in der bayerischen Hauptstadt München wurde eine ganze Anzahl neuer Produkte vorgestellt. Am meisten beachtete man das zusammenfaltbare Auto, durch das Parkplätze künftig auf ein Viertel der jetzigen Größe reduziert werden können. Großen Lob bekam auch ein Tüftler aus Schwaben, der einen Fernseher erfunden hat, der erlaubt, dass man während der Werbung umschaltet, aber automatisch sofort wieder zurück wechselt, wenn der ursprüngliche Film weitergeht. Zu erwähnen ist auch ein intelligenter Rasenmäher, der selbständig den Rasen mäht, die Blumenbeete aber verschont. Eine große Hilfe für alle Schüler wird schließlich ein neues Computerprogramm sein, welches die Schrift der Schüler hundertprozentig nachahmt und die Lösungen für über zehntausend Hausaufgaben aus den gängigen Schulbüchern enthält.

**75. Übung: *Lückenwort-Text:*** Die schon lange überfällige Steuer-Reform wurde nun endlich vom Deutschen Bundestag verabschiedet. Grundlage der Reform ist, dass alle Bundesbürger öffentliche Einrichtungen wie z. B. Straßen oder Schulen etwa gleichermaßen nutzen. Nach einem Urteil des Bundesgerichtshofes im vergangenen Jahr war es als ungerecht beurteilt worden, dass besser verdienende Leute erheblich mehr Steuern für dieselben öffentlichen Leistungen zahlen müssen als Menschen mit geringerem Arbeitslohn. Hierdurch werde Fleiß letztlich nur bestraft. Demnächst werden also alle Menschen, unabhängig vom Einkommen, dieselben Steuern zahlen. Es gibt allerdings noch einige offene Fragen zu klären. Insbesondere über die genaue Höhe dieser Steuer konnten die Parteien sich nicht einigen. Darüber hinaus besteht keine Übereinstimmung, ob auch Kinder, Rentner, Hausfrauen und Arbeitslose zahlen müssen. Auch diese Personen nutzen ja öffentliche Einrichtungen. Der Bund Deutscher Steuerberater strebt derzeit eine Verfassungsklage gegen die Entscheidung an.

**76.–80. Übung:** ***Comic ergänzen***: individuelle Lösung. Bitte von einer anderen Person auf Originalität prüfen lassen.

**81.–84. Übung:** ***Sätze ergänzen*** und ***schlagfertige Antworten finden***: individuelle Lösung. Bitte von einer anderen Person auf Originalität prüfen lassen.

**85. Übung:** ***Bericht verbessern***: Lösung zum Beispiel: Großes Pech hatte ein kleiner Einbrecher in der norddeutschen Stadt Hamburg. Er war still und heimlich nachts durch ein offenstehendes Badezimmerfenster in ein offenbar leerstehendes Haus eingestiegen und hatte im Wohnzimmer den verschlossenen Schrank aufgebrochen, dort aber keine wertvollen Gegenstände gefunden, die er hätte stehlen können. Anschließend untersuchte er in aller Ruhe noch das Schlaf- und das Badezimmer ganz genau, wurde aber auch hier nicht fündig. Schließlich erregte die abgeschlossene Kellertür seinen Verdacht und er meinte zu wissen, dass die Bewohner des Hauses ihre Wertsachen sicherlich dort versteckt hielten. Auf der glatten Kellertreppe rutschte er aber plötzlich so unglücklich aus, dass er die Stufen herunterfiel, sich ein Bein brach und aus eigener Kraft nicht mehr nach oben kam. Die Bewohner des Hauses, ein kräftiger Karatelehrer mit seiner jungen Frau, fanden den hilflosen Einbrecher dort, als sie um vier Uhr morgens von einer feuchtfröhlichen Party zurückkehrten.

**86.–89. Übung:** ***Geschichten beenden***: individuelle Lösung. Bitte den Text von einer anderen Person lesen und bewerten lassen.

**90. Übung:** ***Rechtschreibung „b“ oder „p“***

| | | |
|---|---|---|
| das Grab | der Korb | der Raps |
| ein Klaps | siebzig | er ist taub |
| der Stups | der Leib | es treibt |
| gelb | die Habgier | Kerbholz |
| er trieb | das Laub | es schwebt |
| er stirbt | er gräbt | der Gips |
| der Klops | der Knirps | Duplikat |
| der Kaplan | sie bebt | er tobt |
| zerbombt | begabt | betrübt |
| strebsam | lebhaft | vernarbt |
| schiebt | er hebt | sie reibt |

| | | |
|---|---|---|
| der Trieb | er siebt | der Stab |
| er gab | er wirbt | es ist grob |
| trüb | es zirpt | die Abfahrt |
| der Schlips | der Mops | der Stöpsel |
| der Skalp | Mikroskop | der Papst |
| die Drops | das Rezept | Schnaps |
| der Optiker | er reibt | Schwips |
| der Sirup | das Reptil | Hauptmann |

**91. Übung:** ***Rechtschreibung „e" oder „ä"***

| | | |
|---|---|---|
| Blätter | Schwämme | Schwänze |
| Dächer | Kränze | Särge |
| Schränke | schnell | Fremder |
| selbst | Schmerz | Schnäbel |
| Bälle | Kämme | Gänse |
| Gelenk | frech | nett |
| Fett | Hände | Bäcker |
| Gärtner | Pächter | Wächter |
| Gepäck | Kälte | Härte |
| verderben | Zentner | schenken |
| Gesellen | Fähre | Gelände |
| Häftling | täglich | schädlich |
| lächerlich | Rentner | Bretter |
| Zellen | Werbung | erkennenen |
| Säge | Käfig | Käfer |
| Messer | Deckel | Zwerge |
| Geld | Sperling | Tränen |
| Gräten | Mädchen | Säbel |
| Mähne | Märchen | Strähne |

**92. Übung:** ***Rechtschreibung Doppelkonsonanten***

-f- oder -ff-: greifen, hoffen, Tafel, öffentlich, Griffel, Puffer, Kartoffel, treffen, Schiefer, Streifen, klaffen, gaffen, werfen, Hafer, Schlaufe, Schiff.

-l- oder -ll-: Halle, Fell, Keller, Wohl, Knall, Kehle, Fohlen, Falle, Roller, Schule, holen, Teller, Sohle, Wolle, Bulle, Stuhl.

-m- oder -mm-: Damm, Kamm, Stamm, Hemmung, Stemmeisen, Hammer, Raum, Samen, träumen, brummen, Blume, Aroma, flimmern, Klimmzug, schimmlig, fromm.

-s- oderr -ss-: Nüsse, essen, Wiese, Fässer, Masse, Hase, rasen, Rast, Tasse, Klasse, Schlüssel, Schüssel, Fessel, Käse, Nase, Vase.

**93. Übung: *Rechtschreibung „tz“ und „ck“***

-k- oder -ck: Balken, bücken, das Werk, denken, der Anker, der Dackel, der Imker, der Lack, der Rock, der Speck, der Trick, die Brücke, die Fackel, die Hacke, die Harke, die Locke, die Nelke, die Pocken, die Spucke, die Wolke, Ferkel, Gedanke, gelenkig, ist dick, ist stark, Krankheit, lecker, lenken, locker, meckern, merken, Molkerei, Narkose, parken, picken, schicken, Schlenker sie tickt, tanken, torkeln, Trecker, trinken, trocken, wackeln, wanken, welken, wickeln, winken, wir hocken.

-z- oder -tz-: abhetzen, abstützen, Baumharz, das Holz, der Blitz, der Fetzen, der Klotz, der Kranz, der Latz, der März, der Pelz, der Platz, der Spatz, der Sturz, der Witz, die Katze, die Kerze, die Mütze, die Tatze, die Walze, die Warze, einzig, Gewürz, grunzen, hinsetzen, ist spitz, ist stolz, Kanzel, kitzeln, kritzeln, nützen, Pflanze, platzen, purzeln, putzen, ranzig, schätzen, schlitzen, Schmalz, schmatzen, schmelzen, Schmerzen, schmutzig, Schwanz, schwarz, Spritze, tanzen, Wurzel.

**94. Übung: *Rechtschreibung bb, dd, gg, kk, zz***

Bb/dd/gg/kk/zz: addieren, Akkord, Akku, akkurat, Akkusativ, aufribbeln, Bagger, Bajazzo, buddeln, Dogge, dribbeln, Egge, Ebbe, Flagge, flügge, Intermezzo, Jazz, Jogging, er joggt, Kladde, knabbern, Hansekogge, Krabbe, krabbeln, kribbelig, Maggi, Makkaroni, Nizza, Paddel, Pizza, Pudding, Razzia, Robbe, Roggen, Sakko, schlabbern, Schmuggler, Schrubber, Skizze, skizzieren, Teddy, wabbeln, Waggon.

**95–105. Übung: *Fremdwörter***

| | I. Teil | II.Teil | III.Teil | IV. Teil |
|---|---|---|---|---|
| 1. | Boykott | Assessor | Imitation | Initiative |
| 2. | Antipathie | Symptom | Püree | Evolution |
| 3. | Delegation | Beduine | Existenz | Gravitation |
| 4. | Phase | Team | Abonnement | Geographie |
| 5. | Quarantäne | Choleriker | Pseudonym | Quotient |
| 6. | Amputation | absorbieren | Intelligenz | Souvenir |
| 7. | Aristokrat | Perspektive | Spray | Renaissance |
| 8. | Hieroglyphe | Dimension | Glasfiber | Prothese |
| 9. | Pharao | Handikap | Cellophan | Double |
| la. | Sphinx | Apostroph | Adjektiv | Experte |
| 11. | Pyramide | Elite | Sarkophag | Chauffeur |
| 12. | Spirituosen | Emigrant | Whiskey | Epilepsie |
| 13. | chaotisch | Extrakt | Smaragd | Aggression |
| 14. | Adoption | Interview | Xylophon | Television |
| 15. | Generation | Amnestie | Champignon | Hymne |
| 16. | Archäologe | amüsant | Tourist | Hobby |
| 17. | Stanniol | Reportage | Periode | Sadismus |

| | | | | |
|---|---|---|---|---|
| 18. | Sheriff | Adverb | intensiv | Philosoph |
| 19. | Cowboy | Aktionär | Eremit | Restaurant |
| 20. | Rugby | Champagner | Repertoire | evakuieren |
| 21. | Alternative | Akzent | Individuum | Emotion |
| 22. | Steak | Stewardess | Unikum | Bumerang |
| 23 | graziös | Faszination | Relais | Stipendium |
| 24. | Doping | Porträt | Audienz | Inflation |
| 25. | Infektion | Aquarell | dekadent | Definition |

| | V. Teil | VI. Teil | VII. Teil | VIII. Teil |
|---|---|---|---|---|
| 1. | Roulade | Debatte | Asthma | Chirurgie |
| 2. | Chronik | Dozent | Anekdote | Grapefruit |
| 3. | Sexualität | Akademie | Intervall | Affäre |
| 4. | Diktatur | Apachen | Story | Charakter |
| 5. | Rowdy | Diphtherie | Discount | Hypothek |
| 6. | präzise | City | Situation | Derby |
| 7. | etepetete | Prophet | Amphibie | Vegetarier |
| 8. | Chrom | Twen | idyllisch | Bulldozer |
| 9. | Attraktion | Teenager | Chaussee | Agitation |
| 10. | Balance | Diskothek | Spaghetti | Gendarm |
| 11. | Symmetrie | Chamäleon | Epoche | Dealer |
| 12. | Talisman | Apartment | Gangway | Advokat |
| 13. | Amulett | Appetit | Biographie | Safari |
| 14. | Tyrann | Boutique | Akustik | adagio |
| 15. | Artillerie | Delphin | Regisseur | Hygiene |
| 16. | Container | Cafeteria | Intendant | Diskjockey |
| 17. | Chance | Inspektion | Ultimatum | Silhouette |
| 18. | Antiquariat | Gymnastik | charmant | Reederei |
| 19. | Saison | Dynamik | Couch | Taille |
| 20, | Therapie | athletisch | Absolution | dekorieren |
| 21. | Sabotage | Allergie | Atmosphäre | Rallye |
| 22. | Provokation | Bazillus | Algebra | Redakteur |
| 23. | Demokratie | Remoulade | Apotheke | Etui |
| 24. | Dynastie | Zyklus | Diskussion | Phlegma |
| 25. | Inquisition | Rokoko | Quantität | Psychologe |

| | IX. Teil | X. Teil | Xi. Teil |
|---|---|---|---|
| 1. | Hysterie | Akrobat | Eruption |
| 2. | Egoismus | Razzia | Thermostat |
| 3. | Phänomen | Reliquie | Boiler |

| | | | |
|---|---|---|---|
| **4.** | Epidemie | Bagatelle | Hydrant |
| **5.** | Illusion | anonym | feminin |
| **6.** | Erotik | Immunität | Ideologie |
| **7.** | Thriller | Embryo | Akkusativ |
| **8.** | Elastizität | illegal | Guerilla |
| **9.** | Clown | Ellipse | Hurrikan |
| **10.** | Grammatik | Asyl | Taifun |
| **11.** | Dynamit | Quartier | Realität |
| **12.** | Position | Differenz | Theologie |
| **13.** | Gouverneur | souverän | Caravan |
| **14.** | Superlativ | Dschungel | Subtraktion |
| **15.** | Astrologie | Variation | Annonce |
| **16.** | Diskretion | Präteritum | Inserat |
| **17.** | Generator | Imperfekt | Analyse |
| **18.** | Rhythmus | Revanche | Dahlie |
| **19.** | apathisch | Chiffre | Disziplin |
| **20.** | Dompteur | Fossilien | indiskret |
| **21.** | Billard | Idealismus | Futur |
| **22.** | Requiem | Revolution | Sympathie |
| **23.** | Chromosom | identisch | defensiv |
| **24.** | Hypnose | Gentleman | Clique |
| **25.** | Raffinerie | Souffleur | Fusion |

**106. Übung: *Wörter, die man leicht verwechselt***

1. Die Wahl des Kanzlers war gut. 2. Der riesige Wal schwamm im Atlantik. 3. Früher umgab ein hoher Wall die Stadt. 4. Ein gewisser Herr Schulze dient als Unteroffizier beim deutschen Heer. 5. Niemand wusste, wie das Doppelbett in das Blumenbeet gekommen war. 6. Bei der Hundeausstellung tollten viele Hunderassen auf dem Rasen. 7. Der Elefantenstall ist aus Stahlbeton. 8. Rate einmal, was die Ratte für ein Kunststück kann. 9. Opas kleiner Enkel hat einen himmlischen Schutzengel. 10. Der Angelhaken hing am Schuhhacken fest. 11. Mit der Eisenfeile machte der Indianer seine Pfeile spitz. 12. Er fuhr den Lastwagen zum Wiegen auf die beiden Waagen, für jedes Rad eine. 13. Früher war er ein Waisenkind nun ist er schon alt und weise. 14. Erst zur Hasenjagd, danach mit der Jacht auf dem Meer segeln. 15. Der uralte Greis lief vor Langeweile im Altenheim immer im Kreis herum. 16. Axel Meier kratzte sich unter der Achsel, weil es dort furchtbar juckte. 17. Die Griffe für den Ton „A“ auf der Gitarrensaite findet man im Lehrbuch Seite 7. 18. Ich brauche einen Rat, wie man beim Auto ein Hinterrad auswechselt. 19. Auf dem Weg zum Abendmahl kam er am Denkmal vorbei. 20. Die Tasche des Lehrers wurde immer leerer, während er die Arbeitshefte austeilte. 21. Getreide muss der

Müller mahlen, ein Bild kann nur der Künstler malen. 22. Als das Schiff im Meer versank, da sang der Matrose ein trauriges Lied. 23. Er rannte immer viel herum, einmal fiel er dabei hin und verletzte sich. 24. Sie hatte sehr viel Schmerzen im Knie, als sie beim Tanzen hinfiel. 25. Ist das wirklich wahr, dass er in Amerika war? 26. Ob die Geschichte wahr war, wusste niemand so ganz genau. 27. Ich möchte doch sehr darum bitten, mir etwas Vernünftiges anzubieten. 28. Diebe stehlen, was andere sich in die Wohnung stellen. 29. Kannst du den Tisch denn überhaupt tragen? 30. Im Aufsatz hat Hendrik eine Eins, ich glaube in ihm steckt noch sehr viel. 31. Der Hund biss ins Bein des Mannes, bis dieser schleunigst weglief. 32. Bitte, lies mir die Geschichte von der Mutter vor, die ihr Kind allein ließ. 33. Ich bin seit gestern hier, wann seid ihr gekommen? 34. Der Bauer konnte ohne seine Brille schlecht sehen, wo er noch Korn säen musste. 35. Hans reist mit seinen Auto nach Paris, unterwegs reißt ihm sein Keilriemen. 36. Kurt hänselt Klaus; ich glaube, dass Klaus bald seine Faust ballt. 37. Der Chef hasst es wenn du nichts zu tun hast. 38. Er aß so viel wie sein Bauch fasst, nämlich fast den ganzen Kuchen. 39. Wer bei jeder Mahlzeit immer alles aufisst, der ist ein braves Kind. 40. Wer einen ganzen Brotlaib auf einmal isst, der bekommt Leibschmerzen. 41. Sie sangen nächtelang Lieder, bis ihnen die Augenlider zufielen. 42. Er machte keine gute Miene, als er in die Bergwerksmine stürzte. 43. Der Postbote ruderte so schnell zu der Insel, dass er andere Boote überholte. 44. Drei Verse seines Liedes handelten von den Blasen an der Ferse vom vielen Wandern. 45. Die Lerche saß auf einer Lärche. 46. Es wuchsen Mohrrüben im sumpfigen Moor. 47. Auf diese Weise ist bei dem Waisenkind nichts zu erreichen. 48. Alle Braunbären fressen schrecklich gerne Himbeeren. 49. Astronomie ist die Lehre über die unendliche Leere des Weltalls. 50. Wenn nachts die Gespenster spuken, hilft es wirklich nichts, sie anzuspucken. 51. Die Segel straffen sich im Wind, der Kapitän muss den faulen Matrosen bestrafen. 52. Die Katze leckt sich ihre Lippen, weil das Huhn gerade ein Ei legt. 53. Meine Augen tränen, weil wir uns voneinander trennen müssen. 54. Wenn die Spatzen uns die Körner aus den Händen picken, dann kann das ganz schön pieken. 55. Du musst den Griff dort in die Hacke einhaken, dann kannst du das Unkraut aus der Erde hacken. 56. Das war wohl ziemlich wirr, was wir ihm gerade erzählt haben. 57. Wir zählten unser letztes Geld, um dort auf dem Campingplatz noch zelten zu können. 58. In manchen dunklen Gassen roch es nach giftigen Gasen. 59. Ganze Hühnerscharen scharren auf dem Misthaufen nach Würmern. 60. Suppe schöpft man mit der Kelle, dann fließt sie meist durch die Kehle. 61. Ein dicker Schal um die Ohren hilft manchmal gegen lauten Schall. 62. Auf dem Schrottplatz schoss er mit dem Schrotgewehr.

## 107.–111. Übung: *Gegenstände abzählen*

| Gegenstand | 1. Seite | 2. Seite | gesamt |
|---|---|---|---|
| Enten | 13 | 16 | 29 |
| 1-Cent-Stücke | 8 | 13 | 21 |
| Blumen | 11 | 16 | 27 |
| Scheren | 10 | 18 | 28 |
| Sterne | 12 | 9 | 21 |
| Herzen | 7 | 13 | 20 |
| Glühbirnen | 10 | 21 | 31 |
| Kerzen | 13 | 20 | 33 |
| Sonnen | 4 | 6 | 10 |
| Lampen | 9 | 13 | 22 |
| Schwimmtiere | 30 | 24 | 54 |
| Flugtiere *) | 37 | 31 | 68 |

*) Haben Sie daran gedacht, dass Enten fliegen und schwimmen können? Die 6 Enten auf der ersten und die 8 Enten auf der zweiten Seite zählen also doppelt!

## 112. Übung: *Grundrechenarten Addition*

| | | | | | |
|---|---|---|---|---|---|
| 3 + 2 = | **5** | 20 + 5 = | **25** | 35 + 5= | **40** |
| 6 + 1 = | **7** | 25 +4 = | **29** | 46 + 4 = | **50** |
| 8 + 2 = | **10** | 23 + 6 = | **29** | 58 + 2 = | **60** |
| 4 + 3 = | **7** | 21 + 10 = | **31** | 79 + 11 = | **90** |
| 7 + 5 = | **12** | 26 + 4 = | **30** | 82 + 12 = | **94** |
| 9 + 6 = | **15** | 27 + 7 = | **34** | 66 + 24 = | **90** |
| 5 + 4 = | **9** | 22 + 12 = | **34** | 43 + 13 = | **56** |
| 10 + 7 = | **17** | 30 + 19 = | **49** | 42 + 42 = | **84** |
| 12 + 6 = | **18** | 27 + 18 = | **45** | 37 + 53 = | **90** |
| 14 + 5 = | **19** | 23 + 13 = | **36** | 77 + 23 = | **100** |
| 13 + 5 = | **18** | 29 + 19 = | **48** | 59 + 31 = | **90** |
| 11 + 8 = | **19** | 24 + 14 = | **38** | 49 + 32 = | **81** |

| | 329 | 527 | 489 | 602 | 456 |
|---|---|---|---|---|---|
| + 226 | **= 555** | **= 753** | **= 715** | **= 828** | **= 682** |
| + 139 | **= 468** | **= 666** | **= 628** | **= 741** | **= 595** |
| + 288 | **= 617** | **= 815** | **= 777** | **= 890** | **= 744** |
| + 286 | **= 615** | **= 813** | **= 775** | **= 888** | **= 742** |
| + 543 | **= 872** | **= 1070** | **= 1032** | **= 1145** | **= 999** |

## 113. Übung: *Grundrechenarten Subtraktion*

| | | | | | |
|---|---|---|---|---|---|
| 3 − 2 = | **1** | 20 − 5 = | **15** | 35 − 5 = | **30** |
| 6 − 1 = | **5** | 25 − 4 = | **21** | 46 − 4 = | **42** |
| 8 − 2 = | **6** | 23 − 6 = | **17** | 58 − 2 = | **56** |
| 4 − 3 = | **1** | 21 − 10 = | **11** | 79 − 11 = | **68** |
| 7 − 5 = | **2** | 26 − 4 = | **22** | 82 − 12 = | **70** |
| 9 − 6 = | **3** | 27 − 7 = | **20** | 66 − 24 = | **42** |
| 5 − 4 = | **1** | 22 − 12 = | **10** | 43 − 13 = | **30** |
| 10 − 7 = | **3** | 30 − 19 = | **11** | 42 − 22 = | **20** |
| 12 − 6 = | **6** | 27 − 18 = | **9** | 37 − 23 = | **14** |
| 14 − 5 = | **9** | 23 − 13 = | **10** | 77 − 23 = | **54** |
| 13 − 5 = | **8** | 29 − 19 = | **10** | 59 − 31 = | **28** |
| 11 − 8 = | **3** | 24 − 14 = | **10** | 49 − 32 = | **17** |

| | 445 | 555 | 682 | 765 | 994 |
|---|---|---|---|---|---|
| −334 | **= 111** | **= 221** | **= 348** | **= 431** | **= 660** |
| −333 | **= 112** | **= 222** | **= 349** | **= 432** | **= 661** |
| −349 | **= 96** | **= 206** | **= 333** | **= 416** | **= 645** |
| −321 | **= 124** | **= 234** | **= 361** | **= 444** | **= 673** |
| −439 | **= 6** | **= 116** | **= 243** | **= 326** | **= 555** |

## 114. Übung: *Grundrechenarten Multiplikation*

| | 1 | 2 | 3 | 4 | 5 | 6 | 7 | 8 | 9 | 10 |
|---|---|---|---|---|---|---|---|---|---|---|
| • 2 | **2** | **4** | **6** | **8** | **10** | **12** | **14** | **16** | **18** | **20** |
| • 3 | **3** | **6** | **9** | **12** | **15** | **18** | **21** | **24** | **27** | **30** |
| • 4 | **4** | **8** | **12** | **16** | **20** | **24** | **28** | **32** | **36** | **40** |
| • 5 | **5** | **10** | **15** | **20** | **25** | **30** | **35** | **40** | **45** | **50** |
| • 6 | **6** | **12** | **18** | **24** | **30** | **36** | **42** | **48** | **54** | **60** |
| • 7 | **7** | **14** | **21** | **28** | **35** | **42** | **49** | **56** | **63** | **70** |
| • 8 | **8** | **16** | **24** | **32** | **40** | **48** | **56** | **64** | **72** | **80** |
| • 9 | **9** | **18** | **27** | **36** | **45** | **54** | **63** | **72** | **81** | **90** |
| • 10 | **10** | **20** | **30** | **40** | **50** | **60** | **70** | **80** | **90** | **100** |

| | 11 | 12 | 13 | 14 | 15 | 16 | 17 | 18 | 19 | 20 |
|---|---|---|---|---|---|---|---|---|---|---|
| • 2 | **22** | **24** | **26** | **28** | **30** | **32** | **34** | **36** | **38** | **40** |
| • 3 | **33** | **36** | **39** | **42** | **45** | **48** | **51** | **54** | **57** | **60** |
| • 4 | **44** | **48** | **52** | **56** | **60** | **64** | **68** | **72** | **76** | **80** |
| • 5 | **55** | **60** | **65** | **70** | **75** | **80** | **85** | **90** | **95** | **100** |
| • 6 | **66** | **72** | **78** | **84** | **90** | **96** | **102** | **108** | **114** | **120** |
| • 7 | **77** | **84** | **91** | **98** | **105** | **112** | **119** | **126** | **133** | **140** |

| • 8 | **88** | **96** | **104** | **112** | **120** | **128** | **136** | **144** | **152** | **160** |
|---|---|---|---|---|---|---|---|---|---|---|
| • 9 | **99** | **108** | **117** | **126** | **135** | **144** | **153** | **162** | **171** | **180** |
| • 10 | **100** | **120** | **130** | **140** | **150** | **160** | **170** | **180** | **190** | **200** |

**115. Übung: *Grundrechenarten Division***

| | | | | | |
|---|---|---|---|---|---|
| 6 : 2 = | **3** | 24 : 12 = | **2** | 275 : 5 = | **55** |
| 8 : 4 = | **2** | 55 : 11 = | **5** | 396 : 6 = | **66** |
| 9 : 3 = | **3** | 39 : 13 = | **3** | 539 : 7 = | **77** |
| 12 : 4 = | **3** | 56 : 14 = | **4** | 704 : 8 = | **88** |
| 20 : 5 = | **4** | 72 : 18 = | **4** | 891 :9 = | **99** |
| 16 : 4 = | **4** | 95 : 19 = | **5** | 123 : 3 = | **41** |
| 25 : 5 = | **5** | 90 : 15 = | **6** | 456 : 6 = | **76** |
| 32 : 8 = | **4** | 112 : 16 = | **7** | 789 : 3 = | **263** |
| 56 : 8 = | **7** | 119 : 17 = | **7** | 492 : 4 = | **123** |
| 49 : 7 = | **7** | 117 : 13 = | **9** | 912 : 2 = | **456** |
| 42 : 6 = | **7** | 112 : 14 = | **8** | 3945 : 5 = | **789** |
| 27 : 9 = | **3** | 153 : 17 = | **9** | 8991 : 9 = | **999** |

| | 240 | 360 | 480 | 600 | 720 |
|---|---|---|---|---|---|
| : 2 | **= 120** | **= 180** | **= 240** | **= 300** | **= 360** |
| : 4 | **= 60** | **= 90** | **= 120** | **= 150** | **= 180** |
| : 6 | **= 40** | **= 60** | **= 80** | **= 100** | **= 120** |
| : 8 | **= 30** | **= 45** | **= 60** | **= 75** | **= 90** |
| : 10 | **= 24** | **= 36** | **= 48** | **= 60** | **= 72** |

**116. Übung: *Textaufgaben***

**1.** 60 Jahre × 365 Tage = 21.900 Bierflaschen (eventuell plus 15 für die Schaltjahre, wenn Sie ganz genau rechnen wollen). Allerdings schummelt Herr Müller, er hat nämlich manchmal abends auch zwei Flaschen getrunken.

**2.** Die insgesamt 44 Fahrten à 2,30 Euro hätten nur 101,20 Euro gekostet. Für das Schwarzfahren mussten sie zusammen 120,– Euro hinblättern. Sie haben also mit 18,80 Euro die Stadtwerke unterstützt.

**3.** Die Versicherung kostet 365 Tage × 0,50 Euro = 182,50 Euro pro Jahr, in 25 Jahren hat Herr Schulze also 4.562,50 Euro bezahlt. Bekommen hat er 60 Tage à 50,– Euro = 3.000,– Euro. Er hat also einen Verlust von 1.562,50 Euro (plus Zinsen), als wenn er das Geld gespart hätte.

**4.** 429 Worte × 7 Buchstaben sind 3.003 Buchstaben pro Seite × 222 Seiten = 666.666 Buchstaben im ganzen Buch.

**5.** 9 Tabletten pro Tag × 365 Tage = 3.285 pro Jahr, plus 3 Tabletten pro Woche × 52 Wochen = 156 weitere pro Jahr. Macht insgesamt: 3.441 Tabletten. Igittigitt.
**6.** 365 Tage × 12 Zigaretten pro Tag = 4.380 Zigaretten pro Jahr : 20 Stück pro Schachtel = 219 Schachteln × 5,00 Euro pro Schachtel = 1.095 Euro. Sie hat also sogar noch 595,– Euro übrig.
**7.** 346 Blütenblätter : 5 Reimsprüche = 69 Rest 1, er hat also gerade wieder von vorne angefangen und sie liebt ihn „... *von Herzen*", rein theoretisch jedenfalls. Von dem Theater das Petra wegen des zerpflückten Blumenstraußes gemacht hat, als sie mit 30 Minuten Verspätung endlich kam, soll hier besser nicht die Rede sein.
**8.** 12,– Euro Stundenlohn geteilt durch 5 Cent: 1200 : 5 = 240 Zeitungen pro Stunde. Pro Minute sind das also 240 : 60 = 4 Zeitungen pro Minute. Im Hochhaus mit vielen Briefkästen schafft er mehr, aber in der Siedlung muss er ganz schön wetzen!
**9.** 2 m × 14 Stunden = 28 m pro Tag. 1400 m : 28 m/Tag = 50 Tage. 5. April plus 50 Tage ‡ am 24. Mai kommt sie bei ihren Verwandten im Kohlbeet an. Der Rückweg geht wesentlich schneller, weil sie sich bis dahin verpuppt hat und fliegen kann.
**10.** Von 9.48 Uhr bis 17.12 Uhr sind 7 Stunden + 24 Minuten = 444 Minuten × 10 Gedanken = 4.440-mal denkt sie an ihren Freund.
**11.** Man kann natürlich einzeln aufschreiben, was er Jahr für Jahr bekommen hat. Es geht aber auch einfacher! Durchschnittlich bekommt er in den 16 Jahren 10,50 Euro pro Woche (3,– + 4,– + 5,– + ... + 17,– + 18,– Euro = 168,– geteilt durch 16 Jahre = 10,50 Euro). Durchschnittlich pro Jahr also 52 × 10,50 = 546,– Euro. Davon spart er die Hälfte = 273,– Euro. In 16 Jahren sind das 4.368,– Euro am Ende des 18. Lebensjahres. Ihm fehlen also noch 132,– Euro, die er aus der anderen Hälfte seines Taschengeldes finanzieren müsste. Aber wovon zahlt er dann Benzin und Versicherung?
**12.** 8.050,– Euro sind 115 % und 1 % also 8050 : 115 = 70,– Euro, dementsprechend sind 100 % dann 7.000,– Euro. Der Ami, der die deutsche MwSt nicht zahlen muss, spart also über 1.000,– Euro. Ausländer müsste man sein.
**13.** Ein Prozent seines Bruttogehaltes sind 3.960,– : 100 = 39,60 Euro. 1.782,– Euro entsprechen dann also 45 % (1.782,– : 39,60 Euro = 45 %). Von einem Euro gibt er 45 Cent ab. Umgerechnet auf ca. 47 Arbeitswochen (5 Wochen Urlaub abgezogen) arbeitet er daher 21 Wochen bzw. 5 Monate für „Vater Staat" und nur den Rest für sich und seine Familie.
**14.** Insgesamt hat Herr Müller-Schmidt 600 km zurückgelegt und dafür 250 Minuten gebraucht. 600:250 =2,4 km/Minute. Pro Stunde dann: 2,4 × 60 = 144 km/h Durchschnittsgeschwindigkeit.

**117. Übung: *Zahlenreihen fortsetzen***

| | | |
|---|---|---|
| 1. | immer plus Eins | **5** |
| 2. | immer plus Drei | **29** |
| 3. | immer minus 7 | **32** |
| 4. | immer minus 10 | **55** |
| 5. | immer plus 33 | **135** |
| 6. | immer minus 11 | **44** |
| 7. | immer minus 99 | **207** |
| 8. | 2×2, 3×3, 4×4, 5×5, | **36** |
| 9. | 180 plus 18 = 198 plus 18 = | **252** |
| 10. | minus 10, minus 20, minus 30, minus 40, ... | **50** |
| 11. | plus 2, plus 3, plus 4, plus 5, ... | **15** |
| 12. | 2×2, 2×2×2, 2×2×2×2, 2×2X2×2×2, ... | **32** |
| 13. | 729 : 3 = 243, 243 : 3 = 81, 81 : 3 = ... | **9** |
| 14. | abwechselnd plus 2, plus 4, plus 2, plus 4, ... | **15** |
| 15. | 11×11, 12×12, 13×13, 14×14, ... | **225** |
| 16. | 3600 : 6 = 600, 600 : 5 = 120, 120 : 4 = 30, 30 : 3 = ... | **10** |
| 17. | abwechselnd minus 10, minus 5, ... | **60** |
| 18. | minus 55, minus 44, minus 33, ... | **22** |
| 19. | $1^1, 2^2, 3^3, 4^4$, ... | **3125** |

**118. Übung: *Partnertest:*** Bitte die Anzahl der Übereinstimmungen vergleichen. Wer kennt wen besser?

**119. Übung: *Lebenslauf:*** Bitte aus den erfragten Daten Fragen bilden.

**120. Übung: *Schreiben mit dem Taschenrechner:*** *BEIGE, BEIL, BELLE, BELLO, BIBEL, BILL, BILLIG, BIOLOGE, BIOLOGIE, BIS, BISS, BISSIG, BLEIB, BLEIBE, BLIEB, BOE, BOEIG, BOESE, BOG, BOSS, DILL, EGGE, EI, EIBE, EILE, EILIG, EIS, ELBA, ELBE, ELLE, ELLIE, ES, ESEL, ESSIG, GEIL, GEIZ, GELB, GEO, GEOLOGE, GEOLOGIE, GIB, GIEBEL, GIESSE, GILB, GIZEh, GOSSE, hEBE, hEGE, hEIL, hEILIG, hEILLOS, hEISS, hELL, hIEBE, hISSE, hOB, hOBEL, hOEhE, hOELLE, hOLLE, hOLZ, hOSE, LEGE, LEGO, LEIB, LEIhE, LEISE, LESE, LIEB, LIEBE, LIEBLOS, LIEGE, LIESE, LOB, LOG, LOGO, LOS, OLE, OSLO, SEELE, SEGEL, SEIL, SELBE, SELBIG, SELIG, SIE, SIEB, SIEBZIG, SIEG, SIEGEL, SIEL, SILO, SO, SOG, SOLL, SOLO, SOSO, SOSSE, SOZI, SOZIOLOGE, SOZIOLOGIE, ZEh, ZEIGE, ZEISIG, ZELLE, ZIEGE, ZIEGEL, ZIEL, ZIELLOS, ZOBEL, ZOG, ZOLL, ZOO, ZOOLOGIE.*

**121. Übung: *Versteckte Wörter:*** Wir haben z. B. gefunden:
Waagerecht: Aachen, As, Ball, Bär, Braut, Emu, Er, Fan, Garten, Gut, Hoden, ihn, Indianer, Lila, Mann, Nebel, Nonne, Pferd, Ritt, Schwein, Tee, Teil, Weg, Wein, Wer.

Senkrecht: Arbeit, Bagatelle, Boden, doof, elf, er, ewig, Fee, Garn, Haus, Hosen, Irland, Lee, nie, Norden, Pudel, Reh, Ren, Tim, treu, Wind.
Diagonal: Angel, Bahn, Bahnhof, Bein, beinahe, Ede, Ei, Eid, Faden, Henne, Hof, Hut, Nagetier, nah, Neid, Note, oder, Rettung, Sendung, Tier, Titan, Wille.

**122. Übung:** ***Planen:*** Eine ganz genaue Lösung kann hier nicht immer vorgegeben werden, da einige Antworten auch von Ihren persönlichen Bedürfnissen und Vorlieben abhängen!
1. Wochenende in New York: Fahrkarte und Hotelreservierung, Reisepass, amerikanisches Geld und/oder Kreditkarte oder Traveller-Checks, ausreichend Ober- und Unterbekleidung zum Wechseln, Zahnbürste, Zahnpasta, Rasier- oder Schminkzeug, Haarbürste, Nachthemd oder Schlafanzug, evtl. ein Wörterbuch. Sie benötigen nicht: Handtücher, Seife und Waschlotion gibt's im Hotel, Reiseproviant gibt es im Flugzeug. Wie kommen Sie zum Flughafen?
2. Essen: zum Abendessen z. B. Brot, Margarine, Aufschnitt, Käse oder Ähnliches, Getränke (Mineralwasser, Saft, Bier, Wein). Zum Frühstück am nächsten Morgen z. B. Toastbrot, Marmelade, Honig, Milch.
3. Tapezieren: insgesamt sind 61,5 m2 zu tapezieren. Jede Tapetenrolle hat 5 m2, Sie benötigen also rund 13 Rollen (wegen des Verschnitts an Tür und Fenster aber eher 15 Rollen). Wenn der Kleister je Tüte für 15 m2 reicht, brauchen Sie also 4–5 Päckchen Kleister. Außerdem: Tapeziertisch, Tapeziermesser, Schere, Zollstock, Quast, Eimer, Folie zum Abdecken. Eventuell eine Zange zum vorherigen Entfernen von Nägeln bzw. einen Schraubenzieher für Schrauben, Gips und einen Spachtel zum Ausbessern von Löchern.
4. Geburtstag: Für die 6 Leute, die nachmittags da sind benötigen Sie mindestens eine Torte, Kekse, Kaffee, Dosenmilch, Zucker, 6 Gedecke. Vier Personen bleiben zum Abendbrot, was Sie hier brauchen hängt davon ab, was Sie anbieten möchten. Außerdem benötigen Sie noch: mindestens zwei Flaschen Sekt, Bier, Wein, Mineralwaser, Säfte und ggf. andere Getränke nach Vorlieben.

**123.–124. Übung:** ***Verdrehte Wörter*** (evtl. noch andere Wörter möglich):

| 123. links | 123. rechts | 124. links | 124. rechts |
|---|---|---|---|
| Bus | Mut | Ader | Darm |
| Mal oder Alm | Mal od. Ami | Affe | Dieb |
| Amt | Nil | Lage oder egal | Ding |
| Ast | Not | Atem, Mate, Meta | Dorf |
| Akt | Ohr oder roh | Atom | Dom |
| Art oder Rat | Ort oder rot | Auge | Dose |
| Arm | Ost | Auto | Düse |
| Bau | Pol | Ball | Ebbe |

| Dom | Rad | Band | Eber oder Rebe |
|---|---|---|---|
| Eid oder die | Reh | Bank | Efeu |
| Sie, Eis, sei | Art, Rat | Bann | Eile |
| Fee | Ruf | Bart | Ekel oder Elke |
| Gör | Rum | Bast, Stab | Elbe oder lebe |
| Hai | Sau oder aus | Baum | Elle |
| Heu | See | Beil oder Blei | Floh |
| Hof | Sog | Bein | Flug |
| Huf | Tag | Bett | Flur |
| Hut | Tat | Bier, Brei | Foto |
| Jod | Tee | Bild | Gang |
| Kuh | Tod | Bei, Leib, Beil | Gift |
| Kur | Tom | Blut | Gips |
| Lob | Tür | Boje | Glut |
| Lok oder Klo | Wal | Bord | Grad |
| Los | Weg | Dame | Mahl, Halm, lahm |
| Lot | Wut | Dank | Hand |

**125. und 126. Übung*: Verdrehte Wörter*** (evtl. noch weitere möglich):

| **125. links** | **125. rechts** | **126. links** | **126. rechts** |
|---|---|---|---|
| Abgas | Adler | Agent | Alarm |
| Album | alles | Alpen | Alter |
| Ampel | Amsel | Arigel | Annst |
| Anker | antik | April | Ärmel |
| Aroma | artig | Assel | Atlas |
| Baron | Bauch | bauen | beide |
| Belag | Beruf | Besen | beten |
| Beule | Bezug | dabei | daran |
| Datum | davon | Degen | Delle |
| Demut | Drama | Droge | Duell |
| Dunst | durch | Durst | Genie, eigen |
| einer | Euter, Treue | Erbse | Stern, ernst |
| Ernte oder Rente | Falle | Fabel | Faden |
| Fahne | Feier | Falte, Tafel | Fasan |
| Feder | Folge | feige | Ferne |
| Flöte | Grube | Fürst | Gabel, Belag |
| Glanz | Jesus | Hafen, Fahne | Harfe |
| Hilfe | Kater, Karte | Junge | Jubel |
| Kabel | Likör | Labor | Lampe, Ampel |

| legen, Engel | Magen | Linse | Liter |
|---|---|---|---|
| Mädel | Monat | Marke | Markt |
| Meter | Münze | Moral | Mosel |
| Motor | Notiz | Nadel, Laden | Nebel, Leben |
| Nudel | Radio | prima, Pamir | Pudel |
| Pumpe | Roman | Rampe | Reqen, Neger, gerne |

**127.–131. Übung: *Bilder abmalen*:** Lassen Sie Ihre Zeichnung von einer anderen Person beurteilen.

**132. Übung, *Krimi I:*** Die junge Frau hat sich verdächtig gemacht. Woher wusste sie, dass durch das Küchenfenster von Frau Schwarzmüller eingebrochen worden war und nicht durch die Tür oder ein anderes Fenster?

**133. Übung: *Krimi II:*** Wahrscheinlich waren es alle drei gemeinschaftlich. Zum einen erzählt jeder etwas anderes, was sie angeblich getrunken haben wollten (Bier, Wein oder Schnaps). Auch über die Uhrzeit, wie lange das Gelage ging, sind sich die Herren nicht recht einig. Zum anderen hatte der Kommissar ihnen nichts Näheres über den Einbruch erzählt. Trotzdem wusste Ede, dass ein Schweißgerät benutzt worden war. Egon wusste, dass der Einbruch im ersten Stock war und man also klettern musste und Erwin, dass Schmuck gestohlen worden war.

**134. Übung: *Krimi III:*** Jede Zahl steht für einen Buchstaben im Alphabet. 1=A, 2=B, 3=C, 4=D, ... 26=Z. Die Geheimbotschaft heißt dann: „Montag um 18 Uhr vor Hotel am Markt."

**135. Übung: *Krimi IV:*** Der Kassenbon stammt vom 31.12.2008. Wenn Kommissar Dudel aber an diesem Tag das Jahresende 2009 feiern will, dann muss wohl der 31.Dezember 2009 sein. Der Schnurrbärtige hatte den Bon also ein ganzes Jahr aufgehoben.

**136. Übung: *Krimi V:*** Kommissar hat Raimund Guttmann in Verdacht. Obwohl Dudel nur das Wort „umgebracht" benutzt hatte, hatte dieser dann gleich „erschlagen" gesagt und später am Telefon seinem Bruder offenbar sogar erzählt, dass die nette Tante mit einem Kerzenleuchter getötet worden war.

**137. Übung: *Krimi VI:*** Wenn man nur jeden 2. Buchstaben liest, dann heißt die Botschaft: IN DER SAFTFLASCHE IST EINE FEILE UND IN DER KEKSTÜTE EINE KLEINE EISENSÄGE. DEIN HUGO

## Bildnachweis

Soweit nicht anders angegeben, stammen die Abbildungen vom Verfasser.

Für folgende Teile wurden graphische Zeichen aus den Wingding-Zeichensätzen von MicroSoft-Word 7.0 benutzt:
- Symbole im Inhaltsverzeichnis, Übung-Nr.: 2., 4., 6.–8., 11., 14., 18., 47., 56.
- Bezugsnachweis: Microsoft International, P.O.Box 97017, Redmond, WA-98073–9717, USA

In folgenden Übungen wurden Zeichnungen aus den CorelDraw!-Cliparts bzw. CorelDraw!-Symbols benutzt:
- Übung-Nr.: 17., 31.–32., 46., 49.–50., 57.–65., 76.–80., 94., 107.–111., 127.–131.
- Bezugsnachweis: Corel Corporation Limited, 3rd Floor, Europa House, Hartcourt St., Dublin 2, Ireland.